MIS PRIMEROS PASOS

MIS PRIMEROS PASOS

Alfredo E. Phipps, Jr.

Casa Editorial Phipps

Primera publicación por Casa Editorial Phipps LLC 2022
Copyright © 2022 por Alfredo E. Phipps, Jr.

Library of Congress Control Number: 2022921540

Todos los derechos reservados. Ninguna parte de esta publicación puede reproducirse, almacenarse o transmitirse de ninguna forma ni por ningún medio, ya sea electrónico, mecánico, fotocopiado, grabado, escaneado o cualquier otro sin el permiso por escrito del autor. Es ilegal copiar este libro, publicarlo en un sitio web o distribuirlo por cualquier otro medio sin permiso.
Alfredo Phipps hace valer el derecho moral de ser identificado como autor de esta libro.
Alfredo Phipps no tiene ninguna responsabilidad por la persistencia o precisión de las URL de los sitios web de Internet externos o de terceros a los que se hace referencia en esta publicación y no garantiza que el contenido de dichos sitios web sea, o siga siendo, exacto o apropiado.
Las designaciones utilizadas por las empresas para distinguir sus productos a menudo se reclaman como marcas comerciales. Todos los nombres de marcas y productos utilizados en este libro y en su portada son nombres comerciales, marcas de servicio, marcas comerciales y marcas comerciales registradas de sus respectivos propietarios. Los editores y el libro no están asociados con ningún producto o proveedor mencionado en este libro. Ninguna de las empresas a las que se hace referencia en el libro ha respaldado esta publicación.

Primera edición

Revisión y Edición: Tomas G. Bueno (Periodista)
Arte de Portada: Daniel Elias Gomez / Yendi Phipps

ISBN: 978-1-7358007-4-5 (Papel)
ISBN: 978-1-7358007-5-2 (Electrónico)

Un libro que todo cristiano debe leer

Contents

Dedicación   ix
Prefacio   x

I
PRIMERA ETAPA / CONQUISTA   1

1	Los primeros pasos del bebé	3
2	Conociendo la Naturaleza Pecaminosa	9
3	El Plan de Salvación	15
4	Arrepentimiento y Conversión	23
5	Dudas y Temores	29

II
SEGUNDA ETAPA / DESARROLLO   35

6	La Función del Espíritu Santo	37
7	Convicción	51
8	Fe	61
9	Regeneración	67
10	Justificación	75
11	Santificación	81

III
TERCERA ETAPA / ALIMENTACION ESPIRITUAL   87

12	Oración	89
13	Lectura y Estudio de la Biblia	95
14	Ayuno	101
15	Diezmos	109
16	Ofrendas	125
17	Evangelismo	133
18	Congregarse	141

IV
CUARTA ETAPA / CUIDADO ESPIRITUAL   147

19	Padres Espirituales	149

Bibliografía   157
Acerca del Autor   160
También Por Alfredo Phipps   161

La honra y la gloria sean dada a Dios Padre, Hijo y Espíritu Santo por darme la oportunidad de escribir este libro; el cual espero que sea de mucha bendición. A mi bella esposa, Yamiri Shephard Phipps, por tu amor incondicional y palabras de motivación para ser un mejor esposo, padre y escritor. A nuestros hijos: Joshua G. Phipps, Michael y Mikela Goldon. Ustedes son un motivo para no rendirme y continuar dando lo mejor de mí. Bendiciones a mis padres, hermanos y a todos los amantes de la educación cristiana.

Prefacio

Todo cristiano pasa por las etapas de crecimiento por las que normalmente atraviesa un bebé antes de llegar a ser un niño con las condiciones biológicas y emocionales que le permitirán el desarrollo adecuado hasta convertirse en una persona adulta.

Tenemos que aprender a ponernos de pie para dar nuestros primeros pasos antes de poder hacerlo de forma firme e independiente. Esta es una etapa desafiante para un bebé porque en el intento de ponerse de pie para dar sus primeros pasos experimentará varias caídas. El bebé que quiere aprender a caminar a veces tendrá miedo de volver a intentarlo; otras veces llamará la atención con llantos y lágrimas en señal de que necesita ayuda de las personas de su entorno.

Este es un proceso que ocurre en la vida de todo cristiano, especialmente en la vida de los nuevos creyentes o los niños en la fe. Al principio no saben cómo manejar la situación y no cuentan con las habilidades necesarias para enfrentarse a las dificultades a las que se ven expuestos en su nuevo caminar como cristianos.

"Mis primeros pasos" es un libro educativo muy útil para que todo creyente pueda conocer las etapas que atraviesa en su caminar como cristiano. Tanto el nuevo creyente como aquel que ya ha madurado en su fe encontrarán en este libro aspectos básicos con los que podrán identificarse y que les servirán de sostén para su desarrollo, cuidado y sano crecimiento en su vida cristiana. Aunque se hace un énfasis especial en los pasos iniciales del nuevo creyente, el contenido tratado es también apropiado para enseñar a los miembros maduros a fortalecer sus convicciones y al mismo tiempo a relacionarse mejor con los nuevos creyentes a fin de facilitar su desarrollo y crecimiento. Dos palabras clave que hay que conocer en este libro son: "etapa" y "paso".

Cada etapa y paso de este libro le ayudará a crecer más en la relación con Dios y el prójimo.

¿Qué es una etapa? (Farlex, Inc, 2007) Es un momento en el tiempo donde ocurre un determinado evento.

¿Qué es un paso? (Farlex, Inc, 2007) Es el movimiento que se realiza al caminar y consiste en levantar un pie y ponerlo en el suelo, hacia adelante o hacia atrás. Esta acción requiere esfuerzo y deseo de voluntad.

Este libro no sólo se compone de etapas y pasos; también es una herramienta para ayudar a los nuevos creyentes a crecer en su relación espiritual con Dios y con los demás. Además, tenemos una sección que incluye un cuestionario para completar los espacios en blanco. Sin duda, este libro será de mucha ayuda en el momento de impartir estudios bíblicos a todos los creyentes de 13 años en adelante.

La alimentación del bebé, al igual que la del nuevo creyente, debe ser elegida cuidadosamente por los padres o tutores. Dar alimentos que no son saludables para su edad puede llevar a problemas de salud o, incluso, a la muerte del niño. Cada paso en la vida de un nuevo creyente va acompañado de etapas que determinarán su nutrición espiritual, su crecimiento y su desarrollo para enfrentar de manera eficaz los desafíos que encontrará más adelante. El cuidado y la protección que los bebes reciban de sus padres o tutores determinará su salud y desarrollo para enfrentar las enfermedades y situaciones de la vida.

Pocas veces hay instrucciones claras que ayuden a identificar las etapas por las que pasan los nuevos creyentes en el crecimiento y desarrollo de la vida cristiana. La infancia (0-1 año) es la etapa cuando el bebé toca todas las cosas que están a su alcance, y en ocasiones sólo recibe respuestas, entre ellas algunas negativas, ejemplo: "no hagas esto", "no toques aquí", "eso no se hace". Pero no siempre quienes los guían se toman el tiempo de explicarle las razones de "por qué no debe hacerlo".

Al igual que los bebés, también los nuevos creyentes experimentan situaciones similares donde todas las respuestas que escuchan son "no" sin explicaciones.

Cuando esto sucede, más que disponer de espacio libre para desarrollarse y crecer sanamente, los nuevos creyentes lo que encuentran en su camino es una barrera de normas y reglas que les dificulta dar sus primeros pasos con seguridad y firmeza. Esto les impide crecer en cada etapa por la que atraviesan, lo que limita su destreza para tomar decisiones firmes en su adultez espiritual. Muchos nuevos creyentes tendrían miedo de caer o fracasar cuando están aprendiendo a caminar. Por lo tanto, cuando los nuevos creyentes vienen a la iglesia se deben evitar los regaños y asperezas carentes de compasión que lo único que hacen es maltratarlos emocional y espiritualmente, impidiéndoles de esa forma que experimenten la vida abundante en Cristo. Son muchos los iniciados en la fe que terminan frustrados y apartados si no les llega la intervención oportuna de personas que sientan amor y compasión por ellos. Por otra parte, los nuevos creyentes que han sido instruidos con amor crecerán sanos y sin problemas emocionales que afecten su vida espiritual, y de la misma manera que fueron guiados, también guiarán a otros nuevos creyentes.

En este sentido, este libro es una base de apoyo para el desarrollo, cuidado y crecimiento de la iglesia, y también para enseñar a los miembros maduros en la fe la manera más fácil de tratar con los nuevos creyentes. *"Y amarás al Señor tu Dios con todo tu corazón, con toda tu alma, con toda tu mente y con todas tus fuerzas. Este es el primer mandamiento. Y el segundo es semejante a éste: Amarás a tu prójimo como a ti mismo. No hay otro mandamiento mayor que éstos"* (Marcos 12:30-31 RVR1960).

La razón por la que muchos cristianos han perdido la sensibilidad en el trato con los demás es porque no se les ha enseñado a amar y a ser pacientes con los nuevos creyentes que están aprendiendo a caminar en la vida cristiana. Ya como adultos en la fe, van a dar lo que recibieron en su niñez. Debemos enseñarles a ser tiernos y amables con los demás. Como cristianos maduros, deben amar a su prójimo incondicionalmente.

Los nuevos creyentes tienen un gran reto en la sociedad que les ha tocado vivir. Necesitarán la ayuda de sus padres o tutores espirituales para tener un crecimiento saludable en un entorno poco amigable y un ambiente altamente contaminado. Debemos cuidar a los nuevos creyentes porque son el futuro de la iglesia y miembros vivos en el cuerpo de Cristo, y como nuevos miembros, desempeñarán una función muy importante.

Los términos recién nacidos, infantes, bebés y niños pequeños puede que no tengan el mismo significado para diferentes personas o países. Estos términos suelen usarse para referirse a bebés a partir de su nacimiento y hasta los 4 años. También suelen usarse con frecuencia como sinónimos; todo dependerá de la fuente que consulte.

Tanto el diccionario Merriam-Webster como la Organización Mundial de la Salud (OMS) ofrecen definiciones diferentes a los términos "bebés", "recién nacidos" e "infantes".

Algunas definiciones generales a los siguientes términos:

- *Recién nacido:* generalmente se refiere a bebés desde el nacimiento hasta aproximadamente los 2 meses de edad.
- *Infantes* pueden considerarse niños desde el nacimiento hasta 1 año.
- *Bebé* se puede utilizar para referirse a cualquier niño desde el nacimiento hasta los 4 años, por lo que abarca a recién nacidos, bebés y niños pequeños.

En este libro de educación cristiana hemos decidido usar el término "bebé" para generalizar los otros términos ya mencionados y evitar confusiones al lector o estudiante.

I

PRIMERA ETAPA / CONQUISTA

En algún momento de nuestra vida hemos superado algún obstáculo que nos había detenido por mucho tiempo. El temor al fracaso pudiera detener nuestro avance en la vida cristiana. De la misma manera, el temor a caer es algo que todo creyente deberá enfrentar en alguna etapa de su vida. La realidad es que no podemos evitar que lleguen los tropezones y las caídas en nuestro caminar como hijo de Dios. Si caemos debemos levantarnos nuevamente y continuar hacia delante.

1

Los primeros pasos del bebé

Es un momento inolvidable y lleno de gran emoción para los padres ver cuando un bebé de entre 8 y 12 meses estira los brazos para mantener el equilibrio antes de dar sus primeros pasos. Es en esta etapa cuando los bebés se enfrentan al temor de caerse. Sensación que se produce una y otra vez hasta que pueden mantener el equilibrio sin temor a caerse. Los primeros pasos se convierten en un gran reto para los bebés, pero al mismo tiempo es el comienzo de la preparación para una conquista mayor. En esta etapa los bebés cuando caen aprenderán a volver a ponerse de pie y a intentarlo de nuevo, ya que se trata de una etapa desafiante antes de caminar de forma firme e independiente.

De la misma manera, los primeros pasos de un nuevo creyente son los más desafiantes porque es la etapa de avance hacia una nueva vida como Hijo de Dios. No es de extrañar que el nuevo creyente tenga algunas caídas; pero se volverá a poner de pie para seguir caminando, aunque sus pasos muestren inseguridad al hacerlo.

El día más especial que todo cristiano puede experimentar en su vida es el día en que aceptó a Jesús como su Salvador. El cristiano experimenta un segundo nacimiento, pero esta vez, no de carne y hueso, sino del Espíritu *(Juan 3:3-6)*. Frecuentemente, durante esta etapa el nuevo creyente tiene las mismas caídas del pasado. Ellos viven en su interior una gran batalla espiritual que los empuja a pecar, pero cuentan con otra fuerza dentro de ellos que les dice: *"No lo hagas, ya eres diferente y no puedes volver atrás".*

El apóstol Pablo escribe a los corintios diciendo: *"Por lo tanto, si alguno está en Cristo, es una nueva creación. ¡Lo viejo ha pasado, ha llegado ya lo nuevo!" (2 Corintios 5:17 NVI).*

Cuando comparamos el crecimiento y desarrollo de un bebé con el de un nuevo creyente, observaremos que ambos necesitan una buena nutrición, buenos cuidados y un entorno saludable para su desarrollo. Tanto el bebé como el nuevo creyente entran en una etapa difícil de su vida cuando dan sus primeros pasos en busca de la victoria y la independencia para caminar sin tener que sujetarse a objetos, padres o tutores para mantenerse en pie. Sus primeros pasos son inseguros, y tanto los padres o tutores del bebé como los padres espirituales del nuevo creyente muestran ciertos temores en sus vidas. Por ello, se requiere paciencia y perseverancia, tanto por parte de los padres o tutores del bebé como del nuevo creyente hasta que aprenda a caminar de forma independiente y sin problemas.

Cuando el bebé da sus primeros pasos, muestra una serie de inseguridades y temores que le impiden avanzar con seguridad en busca de una mayor independencia. Si tras estos primeros pasos se producen caídas frecuentes, el bebé se enfrentará al reto de volver a ponerse en pie. Esta es una decisión que tendrá que tomar sin importar las caídas que haya tenido. Sus opciones son levantarse o quedarse en el suelo y gritar para llamar la atención de los padres o tutores como forma de pedir ayuda.

De la misma manera, el nuevo creyente se enfrenta a una etapa similar en los primeros meses o años de su conversión, donde los temores y los impulsos internos del viejo hombre tratarán de persuadirle para que vuelva a su antigua forma de vivir. En estos primeros pasos el nuevo creyente tendrá algunas caídas, incluso, el deseo de renunciar a su fe cristiana. Estas serán decisiones que tendrá que afrontar, y de la misma manera que el bebé, tendrá que decidir levantarse cada vez que caiga o quedarse en el suelo como forma de pedir ayuda. La Biblia dice: *"porque siete veces cae el justo, y vuelve a levantarse..." (Proverbios 24:16 JBS).*

Esta etapa, que es la de avance hacia la independencia, el bebé mantiene el equilibrio para permanecer de pie durante más tiempo. Además, no podemos olvidar que algunos bebés tardan más que otros en aprender a caminar solos. Lo primero que hace el bebé para caminar de forma lateral es apoyarse en todo lo que encuentra a su paso. Este soporte puede ser una silla, una mesa, un sofá, una cama. Durante esta etapa, el bebé siente curiosidad por las cosas que le llaman la atención o le atraen. De manera que el entorno que rodea al bebé debe ser agradable y alegre, alejado de la presión extrema que podría traer frustración y retrasar el proceso de caminar de forma independiente. Los padres del bebé deben pasearlo para que aprenda a mover los pies y a dar sus primeros pasos. Luego motivarlo con gran alegría para que se sienta seguro y confiado.

Hay una etapa en la vida de los nuevos creyentes donde empiezan a sentirse más seguro en su caminar. Ellos tienen muchas preguntas. Por eso, es de suma importancia que el ambiente en la iglesia y la armonía entre los hermanos sea agradable para que los nuevos creyentes sigan desarrollándose.

El cuidado y la crianza espiritual de los nuevos creyentes tiene que ser por parte de personas maduras en la fe, que tengan el amor y la pasión para trabajar con ellos como padres y tutores espirituales. No podemos olvidar que la alimentación de un nuevo creyente es muy importante para su crecimiento y desarrollo espiritual; no proporcionar el alimento apropiado tiende a causar anemia espiritual. Esto puede ocasionar una baja defensa que acompañada de otras enfermedades puede, incluso, provocar la muerte espiritual del nuevo creyente.

Tanto el bebé como el nuevo creyente deben ser motivados a caminar y a sentirse seguros que, si por alguna razón se caen, no serán regañados porque están aprendiendo a caminar sin la ayuda de objetos o personas que los sostengan. Algo a tener en cuenta es cómo dirigirse a los nuevos creyentes para evitar maltratarlos emocionalmente. Recuerde que son frágiles y están en una etapa difícil de su vida en la que necesitarán todo el apoyo para aprender a caminar de forma independiente.

No todos los nuevos creyentes se sentirán en confianza con las personas que los rodean; aprenderán a identificar a las personas con las que se sienten seguros; de esa manera, se iniciará una relación amistosa que ayudará al nuevo creyente a desarrollarse en la fe cristiana hasta entrar en una etapa en la que no necesitará el apoyo de los demás para caminar porque se siente fortalecido y con capacidad suficiente para tomar sus propias decisiones.

Cuestionario:

1. De acuerdo con esta sección del libro "Los Primeros Pasos del Bebe" ¿Cuál es el día más especial que todo cristiano puede experimentar en su vida?

_____
_____
_____

2. Describe tu experiencia personal cuando aceptaste a Jesús:

_____
_____
_____

3. Se requiere _____ y _____ tanto por parte de _____ o _____ del bebé como del nuevo creyente hasta que aprendan a caminar de forma _____ y _____

4. ¿En algún momento como nuevo creyente sentiste el deseo de renunciar a tu fe cristiana? Si no lo hiciste ¿Por qué?

_____
_____
_____

5. ¿Qué dice la Biblia en Proverbios 24:16?
_____
_____
_____

6. Es de suma importancia que el ambiente en la iglesia y la armonía entre los hermanos _____
_____
_____

7. ¿De quién o quiénes debe ser la responsabilidad del cuidado y crianza espiritual de los nuevos creyentes?
_____
_____
_____

8. Algo para tener en cuenta es cómo dirigirse a los nuevos creyentes para evitar _____. Recuerde que son frágiles y están en _____ en la que necesitarán todo el apoyo para aprender _____
_____
_____

2

Conociendo la Naturaleza Pecaminosa

Muchas personas pueden haber aceptado a Jesús como su Salvador sin saber la importancia de esta decisión; esto no significa que hayan actuado bajo ignorancia y no hayan tenido convicción de pecado, ya que el Espíritu Santo es quien convence al ser humano de sus pecados; sino que, al venir a ser un nuevo creyente, no tienen un conocimiento claro de lo que es el pecado y sus consecuencias. Esto no sólo se aplica a los nuevos creyentes sino también a muchos cristianos que han servido al Señor, predicando y condenando el pecado sin una definición clara de lo que es este poder maligno.

Conocer qué es el pecado es un paso que nos permitirá conocer algunas razones por la cual este engendro corruptible separa al ser humano de Dios y lo condena al castigo eterno si no se arrepiente y acepta a Jesús como su Salvador. Para empezar, debemos conocer el significado de la palabra pecado y de inmediato veremos cuáles son las consecuencias de este germen dañino. La Biblia dice: *"Por cuanto todos pecaron y están destituidos de la gloria de Dios" (Romanos 3:23 RVR1960).*

¿Qué es el pecado? - Según New Bible Dictionary (1991), pecado es desviarse de los principios fundamentales, que son la ley y la voluntad de Dios.

La ley: - De acuerdo con el Nuevo Diccionario Ilustrado de la Biblia (1998) en hebreo, equivale a instrucción, enseñanza, revelación. En griego, lo que es válido y vigente. La ley es la instrucción y dirección de Dios que se extiende sobre toda su creación. Ahora bien, si la ley es la instrucción y dirección de Dios, por consiguiente, el pecado es todo lo que se opone y no está de acuerdo con la voluntad de Dios. Entonces la ley expresa la voluntad divina de Dios escrita en el corazón del ser humano *"... pondré mi ley en su mente y la escribiré en su corazón..."* (*Jeremías 31:33 NVI*).

Cuando Dios creó a Adán y Eva, los puso por encima de todas las criaturas y les dio libre albedrío; es decir, la libertad de tomar sus propias decisiones. Los puso como administradores para que cuidaran y trabajaran la tierra, para que ejercieran dominio sobre todos los animales, se multiplicaran y poblaran la tierra con la reproducción de más seres humanos (*Génesis 1:26-30*). Dios también instituyó el día de reposo para que descansaran de todo su trabajo y estableció un pacto de vida con ellos con la condición de la obediencia, donde el árbol de la vida era la promesa de la vida eterna en la presencia de Dios y el árbol del conocimiento del bien y del mal era la pena de muerte y la separación de Dios.

Para entender nuestra naturaleza pecaminosa, tenemos que saber qué impulsó a Adán y Eva a comer del árbol de la ciencia del bien y del mal, a pesar de que habían sido creados a imagen y semejanza de Dios y habían sido colocados en un lugar perfecto por Dios. Adán y Eva tenían toda la libertad de elegir el árbol de la vida o el árbol de la ciencia del bien y del mal. Pero ¿por qué el árbol de la ciencia del bien y del mal? El árbol que les causaría la muerte espiritual (la separación de Dios) y la muerte física a causa de su desobediencia.

Todo comienza con la lujuria, los deseos de la carne, que es la primera área de una tentación que conduce a la satisfacción de los deseos del alma.

¿Qué es el alma? Es el centro de todas nuestras emociones. Entonces, debemos hacernos la pregunta:

¿Qué es la lujuria? (Definición. de) Es el deseo o apetito desenfrenado e ilimitado por los placeres carnales. El término suele asociarse al deseo sexual incontrolable, aunque, en realidad, también puede referirse al exceso o desmesura de otro tipo de apetencias.

"Digo, pues: Andad en el Espíritu, y no satisfaréis los deseos de la carne. Y manifiestas son las obras de la carne, que son: El adulterio, la fornicación, la inmundicia, la lascivia, la idolatría, la hechicería, las enemistades, las rencillas, los celos, las iras, las contiendas, las disensiones, las herejías, las envidias, los homicidios, las borracheras, orgías y cosas semejantes; acerca de las cuales os advierto, como ya os he dicho, que los que practican tales cosas no heredarán el reino de Dios" (Gálatas 5:16, 19-21 RVR1960).

Los ojos y los oídos son las ventanas del alma y todo lo que dejemos entrar a través de ellas será como una semilla que nacerá, crecerá y dará fruto que finalmente se manifestará en nuestro cuerpo, carácter y estilo de vida si no actuamos rápidamente para contrarrestar los deseos de la carne.

"Y vio la mujer que el árbol era bueno para comer, y que era agradable a los ojos, y árbol codiciable para alcanzar la sabiduría; y tomó de su fruto y comió" (Génesis 3:6).

En Eva, podemos ver e identificar que, como seres humanos, anhelamos alcanzar los sueños que nos hemos propuesto; por lo tanto, esto tiene que ver con el poder o el control. Lo triste es que, en nuestra naturaleza humana, trataremos de conseguir lo que anhelamos sin importar el precio que tengamos que pagar para ver realizados nuestros sueños o metas. En *1 Reyes 21*, podemos ver el ejemplo de la *"Viña de Nabot".* El ser humano maltratará a su prójimo y desobedecerá a Dios sin importar las consecuencias de sus decisiones.

Satanás se dirige al interés básico que todos los seres humanos muestran cuando pretenden algo. Eso hizo que Eva viera el árbol codiciable para alcanzar la sabiduría; tocando así la parte sentimental que la motivó a desear y desobedecer a Dios, que le había dicho que no comiera, que ni siquiera lo tocara porque le traería consecuencias (*Génesis 2: 16-17 PDT*).

No sólo comió Eva, sino que también compartió este dañino bocado con su marido, que comió el fruto conscientemente sabiendo las consecuencias. Algunos teólogos dicen que Adán comió el fruto porque no quería separarse de Eva y quedarse solo. Sea cual haya sido la situación, lo cierto es que, a causa de la desobediencia de nuestros primeros padres, el pecado pasó a todos los seres humanos, lo que trajo como consecuencia la muerte espiritual y física a toda la humanidad.

Como nuevos creyentes, debemos saber que tenemos una naturaleza pecaminosa que proviene de Adán, que fue el padre de toda la raza humana. La semilla introducida en el vientre de Eva ya estaba infectada por el germen del pecado: "*Por tanto, tal como el pecado entró en el mundo por un solo hombre, y la muerte por el pecado, así la muerte pasó a todos los hombres, por cuanto todos pecaron*" (*Romanos 5:12 LBLA*).

Cuestionario:

1. ¿Qué es el pecado de acuerdo con New Bible Dictionary, 1991?

2. ¿Qué es la ley de acuerdo con Nuevo Diccionario Ilustrado de la Biblia, 1998?

3. ¿Qué es la lujuria de acuerdo con Definicion.de?
_____
_____
_____

4. _____ y todo lo que dejemos entrar a través de ellas será como una semilla que nacerá, crecerá y dará fruto;_____
_____ carácter y estilo de vida si no actuamos rápidamente para contrarrestar los deseos de la carne.

5. Como seres humanos ¿Qué podemos ver e identificar en Eva?
_____
_____
_____

6. _____ que todos los seres humanos muestran cuando se interesan por algo.

7. En algún momento te has sentido inclinado a pecar y como haces para controlar esos deseos o impulsos?
_____
_____
_____

3

El Plan de Salvación

Para liberar a un prisionero de guerra hay que tener un plan de rescate preparado para llevarlo a cabo cuando llegue el momento indicado.

Para tener éxito en la vida hay que planificar los objetivos que se quieren alcanzar en un plazo determinado, ya sea de corta o larga duración.

¿Cuál es el plan de salvación?

Es el motor que Dios utilizó para poner en marcha un plan de rescate para salvar a toda la humanidad. Dios, al ver que los seres humanos, creados a su imagen y semejanza, no le obedecían, puso en marcha un plan que los salvaría del cautiverio de Satanás; y así los restauraría a su estado original. Este plan se encuentra en el Antiguo Testamento: *"y enemistad pondré entre ti y la mujer, y entre tu simiente y su simiente; aquella simiente te herirá la cabeza, y tú le herirás el calcañar" (Génesis 3:15 JBS)*. Esta es la primera cita bíblica que habla de un plan de salvación para rescatar a la humanidad del cautiverio de Satanás. Por medio de Jesucristo todos los nacidos nuevamente vuelven en su estado original.

Esta semilla de la mujer en *Genesis 3:15* era una profecía anticipada que indicaba la venida de Jesús y su plan de salvación para la humanidad. Aunque la serpiente (Satanás) lo llevaría a la muerte en la Cruz del Calvario, Jesucristo lo derrotaría y lo exhibiría públicamente ante todo principado y ejército celestial al resucitar al tercer día de entre los muertos.

Ahora bien, ¿por qué insistió Dios en mostrar tanto amor a la humanidad y en preparar un plan de salvación? Porque los seres humanos son la máxima creación del universo y fueron formados por las propias manos de Dios; es decir, Dios se ensució sus manos como un alfarero cuando está diseñando una obra maestra con arcilla. Si seguimos escudriñando las Escrituras, también encontraremos mucho apoyo a favor de la humanidad," *Porque tanto amó Dios al mundo que dio a su Hijo unigénito, para que todo el que cree en él no se pierda, sino que tenga vida eterna" (Juan 3:16 NVI).* Jesucristo, el Hijo de Dios, dejó su trono de gloria para tomar forma humana y habitar entre los hombres para redimirnos de la esclavitud del pecado y así devolvernos a nuestro estado original mediante su muerte y resurrección.

En todos los libros de la Biblia encontramos rastros de Jesucristo y del plan de salvación para la humanidad. El Antiguo Testamento nos presenta el plan de salvación a través de los sacrificios de animales. El Nuevo Testamento nos presenta el plan cumplido a través de Jesús y el gran sacrificio que hizo por la humanidad cuando derramó su sangre en la Cruz del Calvario.

Según el profesor y autor Elmer L. Towns (Towns, 2002) *"La salvación es algo sobrenatural que viene de Dios y sólo él puede darla".*

La necesidad de un Salvador

En un mundo donde el entretenimiento y las distracciones alejan al ser humano de Dios, no hay tiempo para pensar en un Salvador y mucho menos en un plan de escape; esto hace que la gente no busque a Dios hasta un momento en que su alma siente la necesidad de Él; cuando ya han notado que los placeres de este mundo no son suficientes para satisfacer el vacío interior, entonces es cuando muchos comienzan a razonar para buscar una solución y llenar el vacío interior.

La Biblia dice: *"Por cuanto todos pecaron y están destituidos de la gloria de Dios" (Romanos 3:23)*. Desde Adán y Eva, nuestros primeros padres, hasta nuestros días, todos los seres humanos se han alejado de Dios y han ido en busca del conocimiento y de los placeres encontrados al recorrer sus propios caminos. Estas criaturas se desviaron de la verdad e hicieron de la inmoralidad una forma de vida, igual del pecado hicieron su pan de cada día. Por eso, Dios tuvo que buscar la manera para que el ser humano se volviera a Él y comprendiera que sólo en Él tendrá paz y descanso para su alma. Cuanto el ser humano recibe la convicción de pecado y entiende que necesita el único medio de salvación, que es Jesucristo, para que sus pecados sean perdonados, comprende inmediatamente que por sus propios méritos o fuerzas no puede salvarse.

La paga del pecado

El ser humano es pecador por naturaleza. Por eso, debe pagar con su propia vida la pena de muerte por haber violado la ley de Dios. Aunque el ser humano no quiera aceptar la sentencia y la condena por haber violado las leyes divina, eso no lo hace inocente a la hora de ser juzgado y pagar la condena. Es triste ver cómo muchas personas se han depravado moralmente hasta el punto de no poder distinguir entre el bien y el mal, pero todo esto sucede cuando el hombre se aleja de Dios y sigue sus propios caminos. *Romanos 1:18-32* nos habla de la degradación a la que han llegado los seres humanos hundidos en el pecado; por lo tanto, Dios los ha entregado a sus propios deseos donde han llegado a creer que todo lo que hacen es correcto, sin darse cuenta de que sus acciones y el rechazo a Dios los han llevado al estado en el que se encuentran hoy.

"Porque la paga del pecado es muerte: más la dádiva de Dios es vida eterna en Cristo Jesús Señor nuestro" (Romanos 6:23 RVA). La paga o recompensa del pecado, que es la violación, la infracción de las leyes establecidas por Dios es la separación (muerte espiritual) de Dios eternamente si no se reconcilian con Él por medio de Jesucristo.

Después de haber tenido conciencia de pecado, no hay otros medios de rescate para el alma, excepto que la persona se decida por creer en Jesucristo. El libro de Juan 3:17-21 nos dice que Cristo vino al mundo para salvarnos, no para condenar al ser humano, y la forma en que Juan lo presenta es usando como ejemplo la luz y las tinieblas; Cristo es luz y todo el que viene a Él desea caminar en la luz para no tropezar; pero el que no viene a Él, no quiere cambiar el estilo de vida que lleva, pues, se siente bien haciendo las cosas que le agradan a su alma; disfrutando de los placeres temporales de este mundo sin que nadie le corrija su forma de caminar.

La provisión de Dios para la humanidad

Cuando el pecador entiende que alguien inocente tuvo que morir en su lugar para pagar la pena por desobedecer la ley de Dios; entonces es cuando el pecador tiene la oportunidad de confesar sus pecados y aceptar a Cristo como su Salvador. En todo esto se puede ver el amor de Dios por la humanidad y a Cristo muriendo en su lugar. *"Pero Dios demuestra su amor para con nosotros, en que siendo aún pecadores, Cristo murió por nosotros" (Romanos 5:8 LBLA).* Por medio de Jesucristo, Dios proporciona a la humanidad la única forma de escapar de la condenación eterna. Al igual que Jehová proporcionó a Abraham un cordero para el holocausto cuando iba a sacrificar a su hijo Isaac (Génesis 22:1-14), Dios proporcionó a la humanidad un cordero para que muriera en su lugar. Dios no sólo pidió a la humanidad un sacrificio perfecto para el perdón de sus pecados, sino que también se encargó de proporcionar el holocausto perfecto que quita permanentemente el pecado del mundo. En Juan 3:16, podemos ver cómo Dios se ha ocupado de proporcionar al hombre lo necesario para limpiar la mancha del pecado que ha estado en su alma desde Adán.

La provisión de un cordero, que es Jesucristo, muestra cuánto amor ha dado Dios por la humanidad, tanto que lo dio todo. Cuando la humanidad responde a esa provisión, comprende que debe cambiar por completo. Se sienten en deuda con Dios y no tienen forma de devolverle lo que ha hecho por ellos. Las personas entregan su alma, cuerpo y espíritu a su creador. Esto hace que se sientan responsables, comprendiendo que todo lo que poseen pertenece a Dios. Este gran sacrificio no tiene precio a los ojos de Dios, que lo dio todo a cambio de su mayor creación, el ser humano.

Aceptar que somos pecadores

"que, si confiesas con tu boca a Jesús por Señor, y crees en tu corazón que Dios le resucitó de entre los muertos, serás salvo" (Romanos 10:9 LBLA).

A muchas personas les resulta difícil aceptar o reconocer cuando se equivocan; especialmente cuando se trata de algo que no ha sido causado por ellas. La mayor excusa que suelen utilizar es:

"No es mi culpa. Yo no lo he hecho."

"¿Por qué tengo que pagar por los errores de los demás?"

Más aún si está relacionado con el pecado, muchos dirían *"no fue su culpa que Adán y Eva hayan pecado".* Estas son algunas de las justificaciones de la gente que no quiere reconocer sus pecados. Es difícil para el ser humano aceptar cuando ha pecado. La semilla del pecado vive dentro del ser humano y esto lo convierte en un pecador por naturaleza, empezando por nuestros primeros padres Adán y Eva.

Todos, de una manera u otra, han buscado una excusa para justificar sus actos *(Génesis 3:9-13).* Cuando escuchamos la Palabra de Dios tocando nuestro espíritu de una manera tierna, no podemos rechazar el mensaje de las buenas nuevas de salvación. El mensaje es claro: Cristo vino a este mundo y murió por nuestros pecados. Cuando realmente entendemos cuánto nos ha amado Dios, sólo tenemos que decidir aceptarlo o rechazarlo, y si lo aceptamos, la Biblia nos dice: *"Si confiesas con tu boca que Jesús es el Señor, y crees en tu corazón que Dios lo levantó de los muertos, serás salvo" (Romanos 10:9 RVC).* No hay mejor descanso para nuestras almas que saber que hemos respondido a la buena noticia que sólo viene a través de Jesucristo. Sólo en Jesucristo hay paz para nuestras almas. Pero si lo rechazamos, nos espera la condenación eterna que implica la separación de Dios para siempre.

Cuestionario:

1. ¿Cuál es la primera cita que encontramos en la Biblia acerca del plan de salvación?
_____
_____
_____

2. ¿Por qué insistió Dios en mostrar tanto amor a la humanidad y en preparar un plan de salvación?
_____
_____
_____

3. En todos los libros de la Biblia encontramos _____ y _____ para la humanidad.

4. ¿Qué nos dice Romanos 3:23?
_____
_____
_____

5. En tu experiencia personal ¿Cuál era tu condición cuando Cristo llego a tu vida?
_____
_____
_____

6. Lee Romanos 1:18-32 y describe con tus propias palabras las consecuencias del pecado.

_____
_____
_____

7. Citar Romanos 6:23
_____
_____
_____

8. ¿Qué sientes al saber que alguien inocente tuvo que morir en tu lugar?
_____
_____
_____

9. Al igual que Jehová proporcionó a Abraham _____ cuando iba a sacrificar a su hijo Isaac (Génesis 22:1-14), Dios proporcionó a la humanidad _____.

10. Citar Romanos 5:8
_____
_____
_____

11. ¿En algún momento se te ha hecho difícil aceptar cuando te has equivocado?
_____
_____
_____

12. Menciona algunas de las excusas que solemos utilizar los seres humanos:

4

Arrepentimiento y Conversión

" *...arrepiéntanse y conviértanse, para que sus pecados sean borrados..." (Hechos 3:19 NBLA)*. El arrepentimiento y la conversión son actos que forman parte de la doctrina de la salvación, y son muy importantes en la vida de una persona que desea aceptar a Jesús como su salvador. El primer paso para dar es reconocer que somos pecadores y estamos condenados a vivir separado de Dios eternamente. Tenemos que admitir que por nuestras propias fuerzas no podemos salvarnos. Esto nos ayuda a comprender que el pecado es una especie de enfermedad que está adherida a nuestro ser de tal modo que por nuestras fuerzas no lo podemos erradicar de nuestras vidas. Esta enfermedad solo puede ser sanada con la sangre pura de un salvador que no haya sido contaminado por el pecado y que esté dispuesto a dar su vida por nosotros.

De manera que debemos arrepentirnos y convertirnos al Señor Jesucristo para que Él quite de nosotros el pecado que impide una comunión más plena entre nosotros y Dios.

Arrepentimiento

Es el cambio que se produce en la mente de la persona que está cansada de fracasar, de cometer siempre los mismos errores. En otras palabras, una persona arrepentida es aquella que está cansada de pecar y decide cambiar su vida y alejarse de todo lo que le impide vivir en un estado de paz, armonía y felicidad con su Creador y con las personas que lo rodean. En el Nuevo Testamento este cambio se conoce como *"Metanoia"*, que significa "un cambio de mente". Se trata no solo de un cambio mental sino también de un cambio que tiene impacto en lo físico porque se refleja en todo lo que es la persona y se hace perceptible para todos los demás.

El arrepentimiento hace que la persona vea el pecado como lo ve Dios; una violación de las leyes que Él ha establecido que tienen como consecuencia su rechazo y condena. Cuando la persona se arrepiente de todo corazón, este cambio afecta sus emociones y la hace más sensible al llamado de Dios y al servicio de su prójimo, lo que se convierte en una responsabilidad para mantenerse firme en la decisión que ha tomado.

El arrepentimiento hace que la persona vea el pecado como el muro que le separa de Dios y no le permite estar cerca de Él por mucho que lo desee. Pero no sólo eso, el arrepentimiento hace que la persona entienda que merece ser castigada por haber vivido una vida alejada de Dios y por haber violado las leyes de Dios durante mucho tiempo.

El hecho de que la persona reconozca este estado equivocado de vivir, la hace que se arrepienta de sus fallas y no quiera seguir viviendo así. Esto la lleva a hacer cambios en su vida de forma voluntaria sin la necesidad de ser forzada por otra persona. El arrepentimiento es un asunto personal y muy particular de cada persona, aunque como es de esperarse requiera de la ayuda de otros creyentes cercanos que posean mayor madurez.

El arrepentimiento debe ser algo más que un efecto emocional que la persona experimenta en un momento de su vida. Debe ser un cambio progresivo y permanente, de tal modo que pueda ser apreciado por las otras personas que conocían la vida anterior del nuevo convertido. Se trata de un estilo de vida que debe ser practicado diariamente y de forma consistente.

Conversión

La conversión es el cambio voluntario que muestra un pecador arrepentido. La persona convertida no sólo evidencia que ha abandonado el pecado y se ha unido a Jesús; también muestra su gratitud a Dios por haberle enviado un Salvador que borró sus pecados para siempre y le ha dado una vida abundante en Jesús. La conversión no solo es un acto interno de la persona, es también una demostración externa de que su nueva vida es guiada por Jesús.

Esta conversión no es dejar una religión y pasar a otra. Es la persona deja su vida de pecado y pasar a una vida de santidad; es decir, alejarse del pecado y separarse para Dios, y vivir los nuevos cambios que ya ha comenzado a experimentar. Es la forma de una persona expresar concretamente con hechos y palabras que ha abandonado su estilo de vida pecaminoso y se ha convertido a Jesucristo para encontrar la salvación que tan solo Él puede otorgar.

Un ejemplo más claro es pasar de una vida de estar siempre enfermo a un estado de salud, pasar de ser un enfermo moribundo a ser una persona sana. En la nueva vida como cristiano, debes mostrar externamente que te has convertido a Cristo; esto se refleja en tus acciones. Jesús dijo: *"el que se avergüenza de él ante los hombres, se avergonzará ante su Padre celestial" (Marcos 8:38 Mateo 10:33).*

Cuando una persona da sus primeros pasos como cristiano, esto va acompañado de la voluntad humana; es decir, la persona se siente culpable porque sabe que es un pecador y quiere hacer las cosas bien con Dios. Las emociones de la persona están tan involucradas que podría llorar de tristeza porque se siente muy apenado por las cosas que ha hecho en el pasado y no se siente orgulloso de lo que ha hecho, o podría reír de felicidad porque está experimentando algo en su ser que no había experimentado antes; esto es paz y alegría que fluye dentro de él y no sabe cómo explicarlo, pero sabe y está seguro de que sus pecados han sido perdonados.

Las personas arrepentidas y convertidas, como todas las demás personas, tienen la libertad de elegir lo que es bueno o malo, tienen la libertad de elegir o rechazar a Jesús. Esta libertad ha sido dada y es respetada por Dios para que el ser humano se acerque a Él por su propia voluntad y no como un robot programado u obligado a servir a su creador. Esta libertad es la que condenará o salvará a la persona en el juicio de Dios. El Evangelio de Juan nos dice: "el que no cree en el Hijo de Dios ya ha sido condenado" *(Juan 3:17-20)*. El arrepentimiento y la conversión son pasos necesarios que toda persona debe dar para ser salva por nuestro Señor Jesucristo, quien la librará de la hora de la prueba que viene sobre los habitantes de la tierra (Apocalipsis 3:10). Quienes no reciban por la fe el sacrificio de Jesús por sus pecados están bajo el juicio y el castigo eterno, que es la separación del hombre de Dios por toda la eternidad.

¡TÚ ELIGES!

Cuestionario:

1. ¿De qué doctrina forman parte el arrepentimiento y la conversión?
_____
_____

2. El primer paso a dar es reconocer que _____ y estamos condenados a _____, y por nuestras propias fuerzas _____

3. ¿Qué es el arrepentimiento?
_____
_____

4. ¿Qué significa Metanoia?
_____
_____
_____

5. _____ hace que la persona vea el pecado como lo ve Dios; una violación de las leyes establecidas por Dios
_____

6. En tu experiencia personal, las personas que viven a tu alrededor ¿Han notado un cambio en ti? _____

6a. Comparta su experiencia:
_____
_____
_____

7. El arrepentimiento debe ser algo más que un efecto emocional que _____; esto tiene que convertirse en un cambio permanente en las personas.

8. ¿Qué es la conversión?
_____
_____
_____

9. Menciona algunas prácticas pecaminosas que antes hacia y ahora no:
_____
_____
_____

10. Menciona algunas prácticas que ahora reflejan a Cristo en tu vida:

5

Dudas y Temores

Todo nuevo creyente pasa por dudas y temores cuando acepta a Jesús como su Salvador y luego surgen preguntas como:
"¿Soy salvo realmente?"
"¿Ha perdonado Jesús mis pecados después de ser tan malo?"
"Tengo temor de volver atrás."
"¿Qué dirán mis amigos cuando sepan que soy cristiano?"
Estas y muchas otras preguntas y preocupaciones pasan por la mente del nuevo creyente.

Cuando decidiste aceptar a Cristo, también tomaste una decisión consciente y voluntaria que cambiaría tu forma de vivir a una nueva forma de vida donde *"... las cosas viejas pasaron; he aquí, todas son hechas nuevas" (2 Corintios 5:17)*. El nuevo creyente debe continuar trabajando en otras áreas de su vida para seguir creciendo de manera integral, es decir, para continuar desarrollándose en su vida física y también espiritual *"...que tú seas prosperado en todas las cosas, y que tengas salud, así como prospera tu alma" (3 Juan 1:2)*.

En primer lugar, debemos entender que cuando aceptamos a Cristo como nuestro Señor y Salvador pasamos a formar parte de la familia de Dios. La Biblia dice: *"que, si confiesas con tu boca que Jesús es el Señor y crees en tu corazón que Dios lo levantó de entre los muertos, serás salvo. Porque con el corazón se cree para ser justificado, pero con la boca se confiesa para ser salvo" (Romanos 10:9-10 NVI)*. Este es un resultado que tiene efecto inmediato. Tu ser comienza a sentir que algo nuevo está sucediendo dentro de ti, pero no sabe cómo describirlo. En los próximos capítulos estaremos describiendo lo que comienza a suceder en tu vida desde el momento en que decidiste formar parte de la familia de Dios. Las dudas y los temores son un estado de inseguridad que tienen impacto sobre la nueva realidad que tú estás viviendo. Por momentos el gozo de la salvación puede desaparecer y te puedes sentir como si nada hubiera pasado en tu vida. Puedes llegar a pensar que el cambio que sentiste fue una emoción pasajera y que tu debes volver a tu vida pasada. Cuando estas dudas y temores te llegan necesitas un soporte en que apoyarte para continuar avanzando y retener lo que ha recibido de parte de Dios.

La mayoría de las dudas y temores comienzan a desaparecer cuanto creces en tu vida espiritual con la lectura de la Palabra de Dios, la oración, el ayuno y tu asistencia constante a tu congregación, a tu iglesia. Esta práctica te ayudará a conocer tu posición en el cuerpo de Cristo, a experimentar y a caminar en el Espíritu; hasta el punto de que estarás convencido que Cristo ha perdonado tu pecado y, sin ninguna duda ni temor, eres parte de la familia de Dios. Ten la seguridad que Dios nunca te mentirá y la confianza y la fe que has depositado en Él tienen su recompensa; *"Dios no es hombre para que mienta, ni hijo de hombre para que se arrepienta. Él dijo, ¿y no lo hará? Él habló, ¿y no lo hará?"* (*Núm. 23:19*).

Cuando los bebés comienzan a dar sus primeros pasos también pasan por la etapa del temor. Todos en algún momento de nuestra vida hemos visto a un bebé cuando levanta los pies y empieza a dar pasos inseguros con miedo a caerse. Otros lo hacen y no pueden creer que están caminando; otros, después de caminar una distancia se caen y lo intentan de nuevo, y otros cuando llegan del punto A al punto B sonríen al ver que fueron capaces de caminar a lo largo de una distancia que no pensaban completaría sin tener caídas.

Los nuevos creyentes experimentan desafíos similares a los de un bebé. Se caen y se levantan de nuevo hasta que pueden caminar sin ningún problema. Entre algunas de las dudas y temores que el nuevo creyente experimenta en su vida están los pensamientos negativos, incluso puede llegar a sentirse culpable e inseguro de su salvación. Para muchos, estas dudas y temores frenarán su progreso hacia una mayor conquista.

No podemos evitar que las dudas y los temores entren en nuestros pensamientos, pero sí podemos evitar que controlen y guíen nuestras vidas en la dirección incorrecta. El apóstol Pablo fue atacado de manera similar en un momento de su vida, pero comprendió que las armas que tenía eran lo suficientemente poderosas para derribar fortalezas, por lo que escribió: *"Porque las armas de nuestra milicia no son carnales, sino poderosas en Dios para la destrucción de fortalezas, derribando argumentos y toda altivez que se levanta contra el conocimiento de Dios, y llevando cautivo todo pensamiento a la obediencia a Cristo, y estando prontos para castigar toda desobediencia, cuando vuestra obediencia sea perfecta"* (2 Corintios 10:4-6).

El nuevo creyente podrá superar sus dudas y temores refugiándose en la Palabra de Dios, el ayuno y la oración. Cuanto más tiempo dediques en la búsqueda y preparación espiritual, más seguro te sentirás para dar pasos más firmes y seguir adelante.

Las dudas y los temores son una etapa muy crítica en la vida de todo nuevo creyente, porque es la etapa en la que definirás si quieres seguir a Cristo cada vez que te caigas; y te vuelvas a levantar, y te vuelvas a caer, y te vuelvas a levantar. Pero esta etapa no se basa en cuántas veces te caes, sino en cuántas veces te levantas; te sacudes el polvo y sigues caminando. La Biblia dice *"Porque siete veces cae el justo, y vuelve a levantarse..." (Prov. 24:16 RVR1960).*

El nuevo creyente no puede dejar que las dudas y los temores decidan por él; al contrario, él debe decidir seguir a Cristo aun cuando sienta que no avanza en su caminar. Esta etapa es difícil, pero no imposible de superar.

Personas que conocieron la antigua forma de vida del nuevo creyente les traerán recuerdos de su pasado para hacerlo sentir inseguro sobre la decisión que ha tomado. Esta es una etapa donde las dudas y los temores parecen crecer como un gigante frente a una persona nueva en los caminos de Jesucristo. Esto hará que el nuevo creyente se sienta indefenso ante los ataques que amenazan con destruirlo. Por momentos se sentirá como presa de fieras salvajes que tratan de darle caza para devorarlo.

El apóstol Pablo, escribiendo a los romanos, nos dice: *"¿Quién acusará a los escogidos de Dios? Dios es el que justifica. ¿Quién es el que condenará? Cristo es el que murió..." (Romanos 8:33-34 RVR1960)*. Así que, cuando el nuevo creyente entiende que Cristo es el único mediador entre Dios y los hombres, entonces, muchos buscarán la guía del Espíritu Santo.

Los nuevos creyentes deben entender que Cristo ha perdonado sus pecados y cuando vengan las dudas y los temores, Cristo está ante el Padre intercediendo por ellos para justificarlos; así, nadie puede acusar ante Dios a sus elegidos porque Jesucristo siempre estará con el Padre defendiendo su causa.

La duda no sólo nos hace sentir inseguros sobre lo que Jesús ha hecho en nuestras vidas, también nos hace sentir incertidumbres sobre la veracidad que se nos ha enseñado sobre el sacrificio y la obra de Jesucristo a favor nuestro. Por encimas de nuestras dudas e inseguridades debemos proclamar siempre sin temor que somos verdaderamente salvos y que su sacrificio ha tenido un alto precio, hasta el grado que la salvación no se puede comprar con dinero.

Todos experimentamos temor ante algo que puede afectar negativamente nuestra vida; en este caso, fracasar como persona por querer dar un buen ejemplo. Así como vienen las dudas y los temores, también vienen los pensamientos negativos para dañarnos emocional y espiritualmente; pero debemos levantarnos en el nombre de Jesús y reprender todo pensamiento que no venga de Dios.

Cuestionario:

1. Citar 2 Corintios 5:17:
   _____
   _____
   _____

2. ¿Qué debemos entender cuando aceptamos a Cristo como nuestro Señor y Salvador?
   _____
   _____
   _____

3. ¿Qué son las dudas y temores sobre la verdad?
   _____
   _____
   _____

4. Los nuevos creyentes experimentan desafíos similares a los de un bebé. _____; hasta que pueden
   _____

5. Cuales son algunas de las dudas y temores que el creyente experimenta en su vida?
   _____
   _____
   _____

6. ¿Por qué las dudas y los temores son una etapa crítica en la vida de todo nuevo creyente?
   _____
   _____
   _____

7. ¿Alguna vez la gente que te conocía antes de ser cristiano te han recordado tu pasado con el propósito de hacerte sentir inseguro de tu salvación? _____

7a. Da un ejemplo:

_____
_____
_____

8. Así como vienen las dudas y los temores, también vienen los pensamientos negativos para dañarnos emocional y espiritualmente;

_____
_____

II

SEGUNDA ETAPA / DESARROLLO

Una alimentación saludable produce un desarrollo y crecimiento saludable. No hay la menor duda que una dieta balanceada produce las vitaminas y minerales que el cuerpo necesita para su desarrollo. Nuestra vida espiritual no debe ser la excepción. Nuestro desarrollo y crecimiento espiritual nos llevará a una vida más consagrada a Dios y para el servicio en la iglesia. Cuando cada miembro conoce su función el trabajo se hace más ligero para cumplir nuestra asignación.

6

La Función del Espíritu Santo

Muchas iglesias hablan de las grandes maravillas y manifestaciones del Espíritu Santo en sus servicios. Mientras que otras restan importancia al Espíritu Santo y rara vez hablan de Él. Dejar al Espíritu Santo fuera de las actividades diarias de la iglesia y de la vida del creyente sería como llegar a un cementerio donde los únicos que yacen allí son los muertos. Él es quien da vida a la iglesia y nos mantiene como miembros activos en el cuerpo de Cristo. Por lo tanto, no podemos pasar por alto la maravillosa obra del Espíritu Santo en la vida del creyente desde el momento en que acepta a Cristo hasta el día de su partida de este mundo para estar en la presencia de Dios. Por esta razón, quiero comenzar esta sección con algunas preguntas:

- *¿Con qué frecuencia se habla del Espíritu Santo en las iglesias?*
- *¿Cuál es su función en la vida del creyente?*
- *¿Cuál es la confirmación del Espíritu Santo para saber que somos salvos?*

En este parte trataremos algunas de las funciones del Espíritu Santo en la vida del creyente. Es decir, convicción, regeneración, justificación y santificación. No hay duda de que, sin el Espíritu Santo, la iglesia (colectivamente) y el creyente (individualmente) no existirían. A través de los siglos, Él ha dado vida y propósito a la iglesia. El Espíritu Santo es la promesa de Dios *"...a los que se lo pidan"(Lucas 11:13)*.

Toda persona que haya depositado su fe en Jesucristo debe conocer la importante función que el Espíritu Santo desempeña en su vida. Hay una razón por la que Jesús dijo *"Y yo rogaré al Padre, y os dará otro Consolador, para que esté con vosotros para siempre: el Espíritu de verdad, al cual el mundo no puede recibir, porque no le ve, ni le conoce; pero vosotros le conocéis, porque mora con vosotros, y estará en vosotros. No os dejaré huérfanos; vendré a vosotros"(Juan 14:16-18 RVR1960)*.

Los nuevos creyentes deben saber que el Espíritu Santo es la tercera persona de la Trinidad y no menos importante que Dios Padre y Jesucristo el Hijo. Él estaba en el principio con el Padre y el Hijo, creando todo lo que existe, visible e invisible. No tiene principio ni fin. Siempre ha existido. La Biblia dice: *"...y el Espíritu de Dios se movía sobre la faz de las aguas"(Génesis 1:2 RV1960)*. Era el Espíritu el que estaba formando y dando vida. Cuando Dios dijo: *"... Hagamos al hombre a nuestra imagen y semejanza..."(Génesis 1:26 LBLA1960)*; Él también estaba allí. Él comparte los mismos atributos de Dios: Su omnipotencia, omnipresencia, omnisciencia y eternidad.

Lo sabe todo y lo escudriña todo. Nada se le oculta. El apóstol Pablo habla a la iglesia en Corinto diciendo: *"Ahora bien, Dios nos ha revelado esto por medio de su Espíritu, pues el Espíritu lo examina todo, hasta las profundidades de Dios. En efecto, ¿quién conoce los pensamientos del ser humano sino su propio espíritu que está en él? Así mismo, nadie conoce los pensamientos de Dios sino el Espíritu de Dios"(1 Corintios 2:10-11 CST)*.

El Antiguo Testamento lo presenta como el "Espíritu de Jehová" que descendía sobre las personas para llevar un mensaje al pueblo, a alguien en particular, o para realizar un acto heroico de gran esfuerzo y valor. Debemos entender que el Espíritu Santo llenaba a la persona temporalmente, ya que no vivía permanentemente en ella. Cuando el Espíritu de Jehová descendía sobre una persona, era el poder de Dios en acción para cumplir su voluntad.

Algunas citas bíblicas como referencia:

- **Jueces 3:10 (RVR1960 - Otoniel)** - *Y el Espíritu de Jehová vino sobre él, y juzgó a Israel, y salió a la batalla, y Jehová entregó a Cusan-risataim, rey de Siria, en su mano, y su mano prevaleció contra Cusan-risataim.*
- **1 Samuel 10:6 (RVR1960 - Saul)** - *Entonces el Espíritu de Jehová vendrá sobre ti con poder, y profetizarás con ellos, y te convertirás en otro hombre.*
- **2 Reyes 2:16 (RVR1960 – Los profetas de Jericó a Eliseo)** - *Y* dijeron: *He aquí, hay con tus siervos cincuenta hombres valientes; ve ahora a buscar a tu señor; tal vez el Espíritu de Jehová lo haya levantado, y lo haya arrojado a un monte o a un valle. Y él les dijo: No enviéis.*
- **Isaías 61:1 (RVR1960)** - *El Espíritu del Señor DIOS está sobre mí, porque el Señor me ha ungido; me ha enviado a predicar buenas noticias a los mansos, a vendar a los quebrantados de corazón, a proclamar la libertad a los cautivos y la apertura de la cárcel a los presos.*
- **Jueces 14:6 (PDT)** - *De repente, el Espíritu del Señor vino sobre Sansón, dándole un gran poder. Sansón destrozó al león con sus propias manos, sin usar ningún arma. Fue tan fácil para Sansón matar al león que parecía que había matado más bien una cabrita. Sansón no se lo contó a sus padres.*

Cuando estudiamos el Antiguo y el Nuevo Testamento, descubrimos que ahora Dios pasa de llenar temporalmente a morar permanentemente en el creyente. En el Antiguo Testamento la presencia de Dios habitaba en tabernáculos y templos construidos por manos humanas para estar cerca de su creación. Esto no significa que Dios necesitara al ser humano para vivir o habitar porque, en sí mismo, es autosuficiente. Es decir, tiene en sí mismo todo el poder, la calidad y la capacidad infinitas para sostenerse sin que le falte nada. Sin embargo, ha elegido habitar en algo tan pequeño como el corazón de la persona que ha aceptado a Jesús como su Salvador.

No hay ningún creyente que haya venido a Cristo sin haber tenido primero la convicción del Espíritu Santo. Todos nosotros en este mundo hemos sido heridos emocionalmente a lo largo del tiempo. Esto ha causado profundas heridas emocionales que nos impiden levantarnos y avanzar. Cuando venimos a Cristo, venimos rotos buscando sanación, libertad y esperanza. En el proceso, el Espíritu Santo comienza a trabajar en nuestras vidas para darnos un propósito. En ese momento de conversión, nos da una nueva identidad y autoridad como Hijos de Dios para luchar contra las mentiras del diablo que llegan a nuestra mente. Él nos sostiene cuando no tenemos fuerzas para continuar en este viaje de la vida como cristianos, aferrándonos a la fe en Cristo y a las promesas de vida eterna dadas por Dios. Cuando caemos, Él nos levanta y nos da las fuerzas para continuar.

Jesús nos compara con la sal: *"Vosotros sois la sal de la tierra; pero si la sal se desvanece, ¿con qué se salará? Ya no sirve para nada, sino para ser desechada y pisoteada por los hombres"* (Mateo 5:13). Los creyentes en Cristo damos sabor a este mundo. También somos los que evitamos que este mundo se corrompa por completo. La iglesia es el principal agente utilizado por el Espíritu Santo para realizar la voluntad de Dios en la tierra. Sin la ayuda del Espíritu Santo, la iglesia sería una organización más que lucha por los derechos humanos sin obtener resultados espirituales en la vida del ser humano.

Para que los nuevos creyentes formen parte de la familia de Cristo, no es necesario que lleven muchos años en el evangelio. En el momento del arrepentimiento, pasan a formar parte de la familia de Cristo. El Espíritu Santo es la garantía del cristiano para saber que es Hijo de Dios. La Biblia nos dice: *"En él también vosotros, cuando oísteis el mensaje de la verdad, el evangelio que os trajo la salvación, y lo creísteis, fuisteis marcados con el sello que es el Espíritu Santo prometido. Este garantiza nuestra herencia hasta que llegue la redención final del pueblo adquirido por Dios, para alabanza de su gloria"(Efesios 1:13-14 CST).*

El Espíritu Santo es el sello de Dios en el creyente. Esto lo convierte en una posesión personal con autenticidad; que es realmente lo que es. En el primer centenario, era muy importante que un documento llevara un sello para mostrar su credibilidad y garantía. El sello del Espíritu Santo es nuestra seguridad y garantía en la nueva alianza y relación con Dios. Cuando el Espíritu Santo se convierte en nuestro sello en el momento de la conversión, también se convertirá en nuestro guía; sólo tenemos que dejar que tome las riendas de nuestra vida.

Cuando la palabra golpea el espíritu de la persona, la fe comienza a actuar para dar a luz de parto, y luego viene la convicción del Espíritu Santo para completar la obra. Llamamos a este proceso el nuevo nacimiento por el que pasan todos los cristianos. Este nuevo nacimiento, que no es de carne y hueso sino un nacimiento espiritual, nos hace parecernos a nuestro Padre Celestial porque ahora el ADN de nuestra vieja naturaleza muere para que pueda nacer la nueva naturaleza.

Cuando el Espíritu Santo mora en nosotros, las personas que nos rodean notarán los cambios. Las prácticas pecaminosas que antes hacíamos con tanta facilidad y sin remordimientos de conciencia ya no forman parte de nuestro estilo de vida. Ahora, si por alguna razón nos sentimos inclinados a practicar el pecado, no sentimos la satisfacción de disfrutarlo; por el contrario, sentimos remordimiento y culpa por haberle fallado a Dios. Esa es una señal de que el Espíritu Santo mora en nosotros. Incluso cuando hay muchos hábitos o prácticas en nosotros que nos cuesta dejar, es señal de que aún estamos en el proceso; por eso no debemos desfallecer ni descuidarnos porque tenemos un enemigo que no perderá la oportunidad de atacarnos si nos descuidamos.

La iglesia es el instrumento que el Espíritu Santo utiliza para hablar al corazón humano. La principal lucha hoy en día es por las almas de las personas. Es una lucha entre el bien y el mal. Sin la ayuda del Espíritu

Santo, la iglesia no podría ganar esta guerra espiritual. Aunque la iglesia es el instrumento principal, no podemos pasar por alto otros instrumentos utilizados por el Espíritu Santo como apoyo a la iglesia. Entre ellos, tenemos las leyes morales que rigen los países, las organizaciones, las instituciones, las escuelas, el hogar también se convierte en la principal institución donde se forman los valores morales y espirituales de nuestra sociedad.

Un gran desafío que tenemos hoy es vivir una vida llena del Espíritu Santo. Hemos dado tantas prioridades a las cosas materiales que hemos olvidado lo que dice la Palabra de Dios: *"Mas buscad primeramente el reino de Dios y su justicia, y todas estas cosas os serán añadidas" (Mateo 6:33)*. En la iglesia primitiva era una prioridad para los apóstoles y líderes de la iglesia que los creyentes fueran llenos del Espíritu Santo. Él era el que daba la gracia, el poder y la autoridad a la iglesia; la cual recibía gran aceptación en las comunidades. La forma de vivir era el testimonio que veían los no creyentes y esto hacía que cada día se sumaran los que debían salvarse. Aquí no había estatus social porque todos se consideraban iguales ante Dios.

El apóstol Pablo aconseja a los efesios que se llenen del Espíritu Santo. *"No os embriaguéis con el vino, en el que hay disipación, sino sed llenos del Espíritu" (Efesios 5:18 RVR1960)*. El alcohol tiene un efecto desestabilizador y genera desenfreno en quienes lo digieren; lo que se muestra en su forma de hablar, de caminar y de comportarse. Al igual que una persona se intoxica con una gran cantidad de alcohol digerido y no tiene control sobre sus acciones, el apóstol Pablo aconseja a la iglesia que se llene del Espíritu Santo para que éste tome el control de las acciones y las decisiones en sus vidas.

La palabra griega *"sed llenos"* (RVR1960) o *"llénense"* (en otras versiones) es la palabra "Pleroo"; que significa: "Estar lleno hasta lo máximo de algo", "llenar al máximo", "llenar hasta el tope para que no falte nada en su medida completa", "llenar hasta el tope para perfeccionar". Se trata de un verbo en presente imperativo y expresa "mandato u orden" dirigida a una o varias personas directamente. El apóstol Pablo hace una comparación entre el efecto del alcohol y el efecto del Espíritu Santo. La orden es estar completamente controlados y guiados por el Espíritu Santo, aunque perdamos de vista quiénes somos y qué hacemos para que Cristo se refleje en nosotros. Esto es estar en total dominio por el Espíritu Santo.

A muchos creyentes les gusta mencionar la frase *"sed llenos o llenura del Espíritu Santo"*. Deseo presentar las diferencias entre "sed llenos" y "la llenura". *"Sed llenos"* es una acción continua, mientras que *"la llenura"* es la acción completada. Es decir, el mandato del apóstol Pablo en Efesios 5:18(RVR1960) *"No os emborrachéis con vino, en el cual hay disipación; sino sed llenos del Espíritu"*. Si estamos llenos, es para tener la llenura del Espíritu Santo en nosotros. La experiencia de "sed llenos" es una experiencia continua y repetitiva que lleva a la llenura en la vida del creyente para el servicio del cuerpo de Cristo (la iglesia).

Cuando permitimos que el Espíritu Santo nos llene, nos convertimos en creyentes valientes, listos para ser testigos de Jesucristo dondequiera que el Espíritu desee usarnos o guiarnos. No sólo eso, las palabras que salen de nuestra boca vienen con poder y autoridad ante todos los testigos en ese momento. *"Pero, cuando venga el Espíritu Santo sobre ustedes, recibirán poder y serán mis testigos tanto en Jerusalén como en toda Judea y Samaria, y hasta los confines de la tierra" (Hechos 1:8 NVI)*. Cuando estamos llenos del Espíritu Santo, tenemos la llenura. Esto no significa cuán lleno estoy del Espíritu Santo, sino cuánto tiene el Espíritu Santo de mí. Él tomará de nosotros dependiendo de cuánto le demos. Si le damos el 10% de nosotros, eso Él tomará; si le damos el 50%, eso Él tomará; y si le damos el 100%, Él tomará todo de nosotros y guiará nuestras vidas en su totalidad.

Según el profesor y escritor Reid (Reid, 1998), la llenura del Espíritu Santo actúa en la vida del creyente en tres áreas:

"La llenura inicial" (Hechos 8:15-16; 9:17; Hechos10:44 RVC)

Es aquella por la que se experimenta por primera vez el Poder del Espíritu Santo. Esta llenura puede ocurrir en el momento de la salvación (junto con el Bautismo del Espíritu Santo). Es cuando el Espíritu Santo viene sobre la persona y la llena con Su poder para funcionar como creyente. Pero la evidencia más común es la de querer compartir el mensaje de Cristo con otros. Es lo que muchos han llamado "el fuego del primer amor".

- *(Hechos 8:15-16) "los cuales, habiendo venido, oraron por ellos para que recibiesen el Espíritu Santo; porque aún no había descendido sobre ninguno de ellos, sino que solamente habían sido bautizados en el nombre de Jesús".*
- *(Hechos 9:17) "Fue entonces Ananías y entró en la casa, y poniendo sobre él las manos, dijo: Hermano Saulo, el Señor Jesús, que se te apareció en el camino por donde venías, me ha enviado para que recibas la vista y seas lleno del Espíritu Santo".*
- *(Hechos 10:44 RVC) "Mientras Pedro les hablaba así, el Espíritu Santo cayó sobre todos los que lo escuchaban".*

"La llenura normal" (Hechos 2:46-47; 1 Cor. 3:1-3; 2 Tim. 1:13-14 RVR)

La llenura continua o normal es la llenura que los creyentes necesitan tener para vivir una vida victoriosa día tras día.

Algunos creyentes que recibieron la llenura inicial no se preocuparon por su vida espiritual y terminaron vacíos. Aunque son creyentes y son salvos, son creyentes que no buscaron seguir siendo llenos del Espíritu Santo.

Esta llenura viene de ser guiado por el Espíritu Santo, de la búsqueda en oración y la sumisión a la Palabra.

- *(Hechos 2:46-47) "Y cada día se reunían en el templo, y partían el pan en sus casas, y comían con alegría y sencillez de corazón, alabando*

a Dios y ayudando a todo el pueblo. Y cada día el Señor añadía a la iglesia los que se salvaban".
- **(1 Corintios 3:1-3)** *"Hermanos, no pude hablaros como a personas espirituales, sino como a personas carnales, como a niños en Cristo. Os di a beber leche, porque no erais capaces de asimilar el alimento sólido, ni lo sois aún, porque sois todavía un pueblo carnal. Porque mientras haya celos, contiendas y divisiones entre vosotros, seréis un pueblo carnal y viviréis según criterios humanos".*
- **(2 Timoteo 1:13-14)** *"Retén la forma de las sanas palabras que oíste de mí en la fe y el amor que hay en Cristo Jesús. Guarda el buen depósito por el Espíritu Santo que mora en nosotros".*

"La llenura especial" (Hechos 13:1-3 RVC)

Una persona que está llena del Espíritu puede volver a serlo. Esta llenura especial del Espíritu puede venir a preparar al creyente para realizar una tarea específica o para pasar por una situación difícil. Es una forma especial de preparación que Dios da a través del poder del Espíritu Santo.

- **(Hechos 13:1-3)** *En la iglesia de Antioquía había profetas y maestros, Bernabé y Simón, que se llamaba Níger; Lucio de Cirene; Man, que se había criado con Herodes el tetrarca, y Saulo. Como servían al Señor y ayunaban siempre, el Espíritu Santo dijo: "Apartadme a Bernabé y a Saulo, porque los he llamado para una obra importante." Y así, después de haber ayunado y orado todos, les impusieron las manos y los despidieron.*

Según Reid (Reid, 1998) el creyente:

- *Debe estar por eso; es decir, tener el interés de quererlo.*
- *Debe estar limpio y apartado del pecado.*

- *Debe estar reclamándolo continuamente.*

La iglesia necesita ser capaz de funcionar eficazmente en el mundo, y sólo el Espíritu Santo puede capacitarla. Él es quien distribuye los dones a cada uno según la capacidad del creyente. Ahora bien, no debemos confundir los talentos con los dones del Espíritu Santo. Los talentos son habilidades que una persona puede aprender fácilmente para el desarrollo de un trabajo o actividad personal. Los talentos pueden ser genéticos, pueden ser heredados de algún familiar; en muchos casos, de nuestros padres. Incluso depende del entorno en el que se desarrolle la persona, la comunidad o ciudad en la que viva. Un talento puede ser poseído por cualquier persona, esta puede ser cristiana o no. Un ejemplo es la música, el arte, las matemáticas, la ciencia, la construcción, etc. En la Biblia encontramos el ejemplo de la construcción del santuario: *"El Señor habló a Moisés, diciendo: He aquí que he llamado por nombre a Bezaleel, hijo de Uri, hijo de Hur, de la tribu de Judá. Y lo he llenado del Espíritu de Dios en sabiduría, en inteligencia y en conocimiento, y en toda clase de trabajos, para que haga diseños, para que trabaje en oro, en plata y en bronce, y para que labre piedras para engastar, y para que esculpa madera; para que trabaje en toda clase de trabajos. Mira, yo mismo he puesto con él a Aholiab, hijo de Ahisamac, de la tribu de Dan; y en el corazón de todos los hábiles he puesto la habilidad para que hagan todo lo que te he mandado"* (*Éxodo 31:1-6 LBLA*).

Mientras que los Dones son dados sólo por el Espíritu Santo para la edificación de la iglesia. *"A cada uno se le da una manifestación especial del Espíritu para el bien de los demás. A unos Dios les da por el Espíritu la palabra de sabiduría; a otros, por el mismo Espíritu, la palabra de conocimiento; a otros, la fe por el mismo Espíritu; a otros, y por ese mismo Espíritu, los dones de sanar a los enfermos; a otros, los poderes milagrosos; a otros, la profecía; a otros, el discernimiento de espíritus; a otros, el hablar en varias lenguas; y a otros, la interpretación de lenguas. Todo esto lo hace un mismo y único Espíritu, que reparte a cada uno según él lo determina"* (*1 Corintios 12:7-11 NVI*).

Los dones sólo pueden ser poseídos por los cristianos. Los dones están enfocados a una tarea exclusiva, y es glorificar a Dios en el cristiano. Un cristiano puede tener más de un don. Esto dependerá de su capacidad y de lo que el Espíritu Santo le confíe para que pueda desarrollarlo a su capacidad. No hay nada mejor que saber que el Espíritu Santo nos confía dones para la edificación y el crecimiento de la iglesia.

Cuestionario:

1. ¿Qué es el Espíritu Santo de Dios para todos los que creen en Jesús?
_____
_____
_____

2. Dejar al _____ fuera de las actividades diarias de la iglesia y de la vida del creyente sería como llegar a _____ donde los únicos que yacen allí son _____

3. ¿Qué deben saber todos los nuevos creyentes acerca del Espíritu Santo?
_____
_____
_____

4. ¿Cómo era presentado o conocido el Espíritu Santo en el Antiguo Testamento?
_____
_____
_____

5. Cuando estudiamos _____, descubrimos que ahora Dios pasa de _____ _____ en el creyente.

6. No hay ningún creyente que haya venido a Cristo _____
_____

7. El Espíritu Santo es _____ en el creyente. Esto lo convierte en una posesión personal con autenticidad;
_____

8. ¿Cuál es el gran desafío que debemos de vivir hoy?
_____
_____
_____

9. ¿Qué aconseja el apóstol Pablo en Efesios 5:18?
_____
_____
_____

10. ¿Cuál es el significado de la palabra "Pleroo"?
_____
_____
_____

11. ¿Cuál es la diferencia entre "Sed Llenos" y "La Llenura"?
_____
_____
_____

12. Cuando permitimos que el Espíritu Santo nos llene, _____ _____ listos para ser _____ dondequiera que el Espíritu
_____

13. ¿Cuáles son las áreas donde el Espíritu Santo actúa según el profesor Reid?
_____
_____
_____

14. Describe las diferentes áreas:
A. La llenura inicial:
_____
_____
_____

B. La llenura normal:
_____
_____
_____

C. La llenura especial:
_____
_____
_____

15. Describe tu primera experiencia con el Espíritu Santo
_____
_____
_____

7

Convicción

Comenzaré este punto con una pregunta muy importante: *"¿Qué es la convicción del Espíritu Santo?"*

La convicción es el proceso por el cual el ser humano reconoce que ha pecado y le duele en lo más profundo del corazón. Él está convencido que es pecador y siente una gran necesidad en su ser de reparar su falla, por lo que corre a Cristo en busca de refugio. La persona abatida por sus errores y sin otra solución para superarlos le entrega su vida por completo a Cristo porque se da cuenta que fuera de Él no hay otros medios de salvación. Jesucristo es el único medio para llegar al cielo, fuera de Él no hay otro camino.

La convicción es un tema muy importante en el Nuevo Testamento. La palabra convicción viene de dos palabras latinas que significan: *"Causa para ver"*.

Cuando el Espíritu Santo viene a nosotros por primera vez nos quita la venda de los ojos para que veamos nuestro estado pecaminoso. Mientras que nuestra conciencia nos dice que somos culpables del castigo, el Espíritu Santo nos dice que Jesús pagó el precio de nuestros pecados para que tengamos el perdón y la salvación a través de su sangre derramada en la Cruz del Calvario. En el evangelio de Juan, Jesús habla a sus discípulos sobre su partida y la venida del Espíritu Santo que convencería al mundo de pecado porque no habían creído en Él durante el tiempo en que predicaba las buenas nuevas de salvación. *"Estaba en el mundo, y el mundo fue hecho por medio de él, pero el mundo no lo conoció. Vino a los suyos, y los suyos no lo recibieron" (Juan 1:10-11)*. Represión, convicción e iluminación son las palabras utilizadas para describir este ministerio del Espíritu Santo. Cuando una persona escucha el mensaje de salvación, el Espíritu Santo la reprende como señal de desaprobación en su comportamiento y estilo de vida; esto hace que la persona se mire a sí misma desde dentro y reconozca su estado pecaminoso y entienda que sólo Jesucristo puede limpiarla de sus pecados. En otras palabras, el Espíritu Santo ilumina a la persona para que pueda ver lo que antes no podía ver en su vida y en la forma que había caminado, era desaprobada por Dios. *"Al oír esto, se compungieron de corazón y dijeron a Pedro y a los demás apóstoles: Varones y hermanos, ¿qué haremos?" (Hechos 2:37)*. Hay tres acciones importantes que el Espíritu Santo realiza en la vida de una persona. La primera acción es convencerla del pecado en que vive, la segunda es que su manera de vivir en pecado la confronta con el carácter justo de Dios, y la tercera es que la conciencia de pecado la lleva inevitable al juicio divino. Ninguna acción injusta cometida por el ser humano quedará libre de juicio. El Espíritu Santo cuando genera la convicción de pecado en nosotros, también nos pone frente a estas verdades.

De pecado: El Espíritu Santo es quien convence a la persona de pecado y le da una nueva oportunidad para arrepentirse y cambiar el camino que ha seguido durante mucho tiempo. Cuando una persona escucha el mensaje de salvación, el Espíritu Santo abre los ojos del entendimiento y le muestra que ha violado las leyes y los estatutos de Dios; por lo tanto, es merecedor de un castigo, a menos que abandone la forma en que ha estado viviendo y entregue su vida a Jesús. La forma de responder a la invitación que ha recibido es muy importante; porque en el momento que la persona se decide por Cristo, la convicción del Espíritu Santo en su corazón y lo que está sintiendo es real. Ninguna persona puede decidir arrepentirse por otra, esta es una decisión individual que debe salir del corazón.

Jesús utiliza la frase *"convencerá al mundo de pecado" (Juan. 16:8)*; nótese que la palabra pecado es singular, no de todos los pecados. Sólo un pecado puede llevar a una persona a juicio. Juan nos dice: *"De pecado, por cuanto no creen en mí" (Juan 16:9);* los seres humanos no son condenados por nacer en pecado; pues, todos nacimos en una naturaleza pecaminosa; el salmista David dijo una vez: *"En pecado me concibió mi madre" (Salmos 51:5).* La gente se condena por no creer en Jesús.

Mucha gente ve a Jesús como un sabio que anduvo por la tierra haciendo milagros y luego lo crucificaron por blasfemia o envidia; pero muy pocos creen que es el Cristo, el Hijo de Dios que vino al mundo a morir por nuestros pecados para reconciliarnos con Dios. Así pues, la única forma en que los seres humanos podemos entrar en paz con Dios es a través de Jesús; mediante el hecho de aceptar por la fe que el derramamiento de su sangre en la Cruz del Calvario es suficiente para borrar nuestros pecados y otorgarnos la salvación. La Biblia dice: *"Crees que Dios es uno; haces bien" (Santiago 2:19).* Cuando nos detenemos a leer con atención nos damos cuenta que Santiago no está preguntando si creemos en la existencia de un ser supremo que rige el universo; sino en su manifestación en tres personas; *"Creéis que Dios es uno";* en otras palabras, creéis en un Dios que se manifiesta en tres personas; esto está bien, pero no es suficiente porque los mismos demonios creen, y tiemblan al saber lo que les espera. Creer en Jesús implica obediencia; *"Si me amáis, guardad mis mandamientos" (Juan 14:15).* Una persona no puede amar verdaderamente a Jesús si no cree primero en quién es Él, y en el sacrificio hecho en la Cruz del Calvario, pero también amarlo implica obediencia y guardar sus mandamientos.

Muchas personas van al infierno no porque sean pecadores, sino porque no creen en Jesús. ¿Qué tiene que hacer una persona para obtener la salvación? Creer en el Señor Jesucristo. En una ocasión los fariseos trataron de apedrear a Jesús; y Él les dijo *"...aunque no me creáis a mí, creed en las obras... (Juan 10:37-38).* Jesús quiso explicarle esta verdad a los religiosos de su época para que entendieran que las obras que Él hacía tenían como propósito llevarlos a creer que Él y el Padre son uno, y que las obras que hacía eran señales de que Él es el Mesías que ellos estaban esperando.

Nicodemo se acercó a Jesús de noche para no ser visto por los fariseos y el pueblo, y le dijo: *"Rabí, sabemos que has venido de Dios como maestro; porque nadie puede hacer estas señales que tú haces, si no está Dios con él" (Juan 3:2)*. Saber que Jesús había venido de Dios no era suficiente para Nicodemo ser salvo, tenía que creer que Jesús era el Mesías, el Cristo.

En el momento que aceptamos a Jesús como nuestro Señor y Salvador, en ese mismo momento nuestros pecados son perdonados. Incluso, si una persona ha llevado una vida correcta a los ojos de la sociedad, no ha cometido crímenes ni hechos escandalosos y censurables, pero no ha aceptado a Jesús como nos dice la Biblia, esta persona está en serios problemas. El Espíritu Santo te llama a creer y aceptar a Jesucristo como tu Salvador. En el mismo momento que tu acepta a Jesús, Dios cancela todos los cargos contra ti y el Espíritu Santo viene a morar en tu corazón. Recuerda, Jesús, borró nuestros pecados para siempre. Por lo tanto, no los guardó en un armario para sacarlos más tarde y escurrirlos en nuestra cara cuando fallemos, la Biblia dice que: *"... arrojará todos nuestros pecados a las profundidades del mar" (Miqueas 7:19)*.

El Espíritu Santo convencerá a las personas de su necesidad de poner a Jesús en el centro de su vida. Cuando el Espíritu Santo convence a alguien de pecado y esta persona se vuelve a Jesús, ya no tiene que enfrentar la condenación a causa de su pecado.

De Justicia: El Espíritu Santo también convence al mundo de Justicia. El versículo 10 dice: *"de justicia, porque yo voy al Padre, y no me veréis más" (Juan 16:10)*. La forma como Jesús vivió en la tierra, su carácter, su estilo de vida y su comportamiento ante Dios y ante los hombres lo convirtieron en una persona justa porque vivió lo que predicaba. Por esta razón, Jesús va al Padre y no regresará a la tierra para morir nuevamente por los pecados de la humanidad; porque su obra fue terminada y ahora el Espíritu Santo es el que convence de justicia. Esto significa que Jesús hizo un trabajo satisfactorio y perfecto ante el Padre.

Ahora podemos ver que, en la justicia de Dios, Jesús nos mostró con su conducta y carácter que había sido elegido desde antes de la fundación del mundo para redimir a la humanidad de sus pecados. De lo contrario, el hombre tendría que pagar por sus pecados al violar la ley de Dios, y por esta razón, tendría que pagar con su propia vida. Pero debido a su naturaleza pecaminosa, ni siquiera su propia vida sería suficiente para pagar por la violación cometida. Porque, al tener una naturaleza pecaminosa, su sacrificio no sería aceptable ante Dios, por lo que se necesitaría una persona perfecta y sin pecado para aplacar la ira de Dios.

Siendo Jesús el hijo de Dios no tenía que entregarse por la humanidad para justificarla y así aplacar la ira del padre. En el libro de Isaías, leemos que el Señor dijo: *"¿A quién enviaré, y quién irá por nosotros? Entonces dije: Aquí estoy, envíame" (Isaías 6:8)*. Esta analogía (similitud) es la que nos presenta Isaías sobre el Padre (Dios) y su Hijo (Jesús).

La muerte y resurrección de Jesucristo fueron el fin de la ley y el comienzo de la justicia y la gracia. *"Justificados, pues, por la fe, tenemos paz para con Dios por medio de nuestro Señor Jesucristo" (Romanos 5:1 RVR1960)*.

Cuando una persona es convencida de pecado y su alma es quebrantada por el Espíritu Santo, no le queda más que correr y abrazar a Jesucristo para ser justificado por su gracia. Esa gracia divina que permite que el pecador sea declarado justo delante de Dios está determinada por el sacrificio de Jesús en la Cruz del Calvario. Esto no significa que Dios haya encontrado alguna bondad en nosotros, sino que cuando Dios nos mira a través de Jesucristo, nos encuentra justificados porque su sangre nos ha limpiado de todo pecado. Este derramamiento de sangre no ha sido en vano; pues, esto implicará siempre una actitud de honestidad, lealtad y justicia para hacer siempre lo correcto ante Dios y los hombres.

Antes de regresar al Padre, Jesús anunció a sus discípulos que no los dejaría huérfanos, sino que les enviaría un consolador que estaría con ellos todos los días de su vida hasta el fin del mundo: *"Conviene que me vaya; porque si no me voy, no vendrá a vosotros el consolador" (Juan 16:7)*. El sacrificio de Jesús fue perfecto y aceptable ante Dios; de lo contrario, Jesús tendría que morir de tiempo en tiempo por los pecados de toda la humanidad; como se hacía en el Antiguo Testamento con los sacrificios de animales para cubrir temporalmente los pecados de la gente. Si traemos las palabras de Jesús a la actualidad: *"...y no me veréis más (Juan 16:10)"*, Él les dice, "No me veréis más haciendo este sacrificio, porque ha sido perfecto, y tengo que volver a donde estaba antes, al Padre". La Biblia nos dice: *"Porque Cristo ha entrado una vez por todas en el Lugar Santísimo, habiendo obtenido la redención eterna" (Hebreos 9:12)*. Así que la deuda ha sido pagada de una vez y para siempre. Ahora estamos justificados ante Dios y nos sentimos convencidos de nuestra salvación. Ya no hay remordimientos de culpa, porque Cristo nos liberó de la esclavitud del pecado y ahora *"...tenemos paz con Dios por medio de nuestro Señor Jesucristo" (Romanos 5:1)*.

De Juicio: *"y de juicio, porque el príncipe de este mundo ya ha sido juzgado" (Juan 16:11)*. Cuando Jesús murió en la Cruz del Calvario, el diablo pensó que había vencido; olvidando que las escrituras dicen que al tercer día resucitaría de entre los muertos. Antes que Jesús exhalara su último aliento de vida mientras colgaba de la cruz; dijo: *"Consumado es. Y habiendo inclinado la cabeza, entregó el espíritu" (Juan 19:30)*. La frase *"Consumado es"*; traducida del original es: "completado", "cumplido", "terminado"; esto se refiere a alguien que ha cumplido exactamente lo que se le encargó hacer; es el último acto realizado para completar un determinado proceso.

El Espíritu Santo convence del juicio mostrando que el castigo de Dios es inminente contra el príncipe de este mundo (Satanás), los ángeles de la maldad que operan en las regiones celestiales y se levantan para impedir que se cumpla la voluntad de Dios aquí en la tierra, *"...y todos los que aman y practican la mentira" (Apocalipsis 22:15)*. Esto también se refiere a las personas que caen bajo el juicio de Dios si no se arrepienten y se apartan de sus malos caminos. Cuando una persona rechaza a Jesús y no le cree, esta persona ya ha sido condenada; *"El que cree en él no es condenado; pero el que no cree ya está condenado, porque no ha creído en el nombre del Hijo unigénito de Dios" (Juan 3:18)*.

Debido a que nuestra naturaleza pecaminosa está siempre inclinada al mal, todo lo que hacemos está contaminado por el pecado de Adán, los pecados de nuestros padres y nuestros pecados. Debemos entender que ante Dios todas las buenas acciones que hayamos hecho a favor de nuestro prójimo, no nos hacen justos. Por Adán hemos llegado a tener una naturaleza pecaminosa, por nuestros padres hemos llegado a recibir los pecados generacionales; *"Los padres comen las uvas y los hijos reciben las denteras" (Jeremías 31:29); "Jehová visita a los hijos por la iniquidad cometida por sus padres hasta la tercera y cuarta generación" (Éxodo 20:5-6)*. Y por nuestros pecados cometidos, que se suman a los de Adán y nuestros padres. Eso nos hace culpables sin necesidad de ser juzgados. Cuando el Espíritu Santo nos convence de juicio, reconocemos que somos pecadores y merecedores de un castigo, e inmediatamente nuestro juicio ha sido emitido y nuestro castigo ha sido procesado; lo cual será en el juicio final donde el castigo será dado como pago final o recompensa.

Pero no podemos pasar por alto el hecho de que, al aceptar a Jesús como nuestro Salvador, el juicio pronunciado por Dios se vuelve a nuestro favor y ya no estamos condenados. Conscientes del castigo por haber violado la ley de Dios, ahora somos liberados y se nos da el regalo del perdón, la salvación y la promesa de la vida eterna.

Cuando una persona no acepta creer en Jesús; esta persona ha atacado y desafiado directamente "el carácter de Dios"; es decir, la bondad, misericordia y fidelidad de Dios. El Espíritu Santo convence *"de pecado porque no creen en mí" (Juan 16:9)*. No hay persona más rebelde que aquellos que se han negado a creer en Jesucristo.

Cuestionario:

1. ¿Qué es la convicción del Espíritu Santo?
_____
_____
_____

2. La palabra convicción viene de dos palabras latinas que significan:
_____
_____
_____

3. _____, _____ e _____ son las palabras utilizadas para describir este _____.

4. ¿Cuáles son los tres factores importantes que el Espíritu Santo realiza en la vida de la persona?
_____
_____
_____

5. Muchas personas van al infierno no porque sean pecadores,
_____
_____

6. ¿Por qué el Espíritu Santo convence de justicia según Juan 16:10?
_____
_____
_____

7. A que le pusieron fin y comienzo la muerte y resurrección de Jesucristo?

8. ¿Por qué el Espíritu Santo convence de Juicio?

9. ¿Qué ha desafiado directamente una persona que acepta no creer en Jesús?

10. En tu experiencia personal ¿Cuál fue tu reacción cuando recibiste la convicción del Espíritu Santo?

8

Fe

Para tener un mejor y mayor conocimiento acerca de lo que es la fe podemos recurrir a la Biblia; sobre todo al Nuevo Testamento, donde encontraremos diversas y variadas referencias a este elemento indispensable de la vida cristiana. En el Antiguo Testamento, aunque el término fe casi no aparece con frecuencia, los hechos y experiencias vividas por hombres y mujeres de Dios la revelan y la dan a conocer de manera muy impresionante. Desde el Génesis hasta el Apocalipsis encontraremos muchos personajes bíblicos que se apoyaron en la fe para crecer en su relación con Dios, entre los que sobresale Abraham, mejor conocido como el Padre de la Fe.

La Epístola a los Hebreos define la fe como: *"La certeza de lo que se espera y la convicción de lo que no se ve" (Hebreos 11:1)*. A lo largo de este capítulo 11 podemos encontrar una lista de los héroes de la fe que anhelaban ver el gran día del Mesías prometido, pero murieron antes que nos visitara como humano en esta tierra, de manera que no pudieron tener ese privilegio.

¿Qué podemos decir de la fe de una persona cuando acepta a Jesús como su Salvador?

La palabra fe viene del griego "Pistis" (πίστις) y se define de las siguientes maneras:

- Es la confianza que se pone en Jesús cuando decidimos creer en Él para aceptarlo como Señor y Salvador. Podríamos llamar esta fe la "Fe para la Salvación".
- Es una fuerte y bienvenida convicción de que Jesús es el Mesías, a través de quien obtenemos la salvación eterna en el reino de Dios.

Cuando una persona "oye" el mensaje de salvación, y el Espíritu Santo la convence de pecado, la persona responde de manera positiva al llamado de Jesús, entienden que sólo Él puede darles paz y llenar el vacío de su alma. *"He aquí que estoy a la puerta y llamo; si alguno oye mi voz y abre la puerta, entraré en él y cenaré con él, y él conmigo" (Apocalipsis 3:20 RVR1960).*

La palabra griega "akouō" (ἀκούω) que significa: oír (*escuchar*) es: "considerar lo que se dice o se ha dicho"; "escuchar la voz de Dios que lo impulsa a dar a luz la fe dentro de". Esta fe depende de escuchar el mensaje de Jesús con entendimiento y aceptación.

Jesucristo siempre ha querido habitar en el corazón del ser humano, pero el ser humano tiene la libertad de aceptarlo o rechazarlo.

La Biblia nos dice: *"Así que la fe viene por el oír, y el oír por la palabra de Dios" (Romanos 10:17).* Una persona no puede tener fe en Jesús sin haber oído de Él. Cuando una persona "oye" ("akouō"/ἀκούω) la Palabra de Dios, el Espíritu Santo comienza una obra maravillosa en su vida. Esto hace que la persona comience a poner su fe en Jesús después de haber oído y reconocido que sólo en Él hay salvación y vida eterna. La epístola a los Romanos nos dice de la siguiente manera: *¿Cómo, pues, invocarán a aquel en quien no han creído? ¿Y cómo creerán en aquel de quien no han oído? ¿Y cómo oirán sin haber quien les predique?" (Romanos 10:14 LBLA).*

Muy pocas personas están dispuestas a poner su confianza o pedir ayuda a un desconocido; el cual, no saben absolutamente nada; por lo tanto, no es considerado digno de confianza. Para depender de alguien así, lo primero es haber oído de esa persona, sus hazañas y los éxitos alcanzados; además de saber si está dispuesta a dar su ayuda a todos aquellos que ponga su confianza en Él. Regularmente, para entregarnos de esa manera, necesitamos tener pruebas que es la persona ideal para ayudarnos en momentos de dificultad, soledad o cualquier situación por la que estuviéramos atravesando.

Cuando se nos presenta un argumento claro y convincente, esta explicación puede despertarnos la fe en esa persona. Pero todo esto vendrá por lo que hemos escuchado. "Por el oír", como bien dice la Palabra.

Cuando el pecador tiene la oportunidad de escuchar la Palabra de Dios, entonces su perspectiva cambia y comienza a entender la importancia que tiene la persona de nuestro Señor Jesucristo. Es a partir de ahí que la persona puede entender la obra que Jesús puede hacer en su vida. Esa fe para salvación lo hace pensar que ya no debe vivir alejada de Dios, y ahora, por la obra realizada de Jesús en la Cruz del Calvario a su favor puede alcanzar el perdón y la salvación para iniciar una nueva vida de comunión con Dios.

Cuando una persona "oye" (akouō/ ἀκούω – oír, escuchar) no se limita a lo físico solamente; oír es una percepción que proviene del alma; es decir, de los sentidos y las emociones donde la persona recibe los más mínimos detalles de lo que se está hablando. Cuando oímos, sentimos el mensaje de salvación que golpea fuertemente nuestra alma, donde sin duda, metafóricamente hablando, el mensaje ha sido como una espada de dos filos que atraviesa lo más profundo del alma *(Hebreo 4:12)*; donde en ese momento el Espíritu Santo abre los ojos del entendimiento y la persona se convence de pecado, y entiende que sólo Jesús puede perdonarlo; esto hace que ponga inmediatamente su confianza y fe en Él. Cuando oímos, debemos estar dispuestos a recibir todos los datos y la información presentada por la persona que ha planteado el argumento.

La fe *(Pistis" πίστις)* que implica la salvación es mirar alrededor y no poder encontrar la ayuda necesaria, y entonces, cuando la persona entiende que nadie más puede salvarle, entonces pone su confianza en Jesucristo porque es el único que le ha prometido la vida eterna, y el único que puede librarle del infierno.

Jesús es el único que nos acercó al Padre y *"nos reconcilió consigo mismo" (2 Corintios 5:18)*. Todo nuevo creyente, al acercarse a Jesús mediante la fe salvadora, debe creer que sólo en Él hay salvación.

La razón por la que muchas personas rechazan a Jesús es porque no se les ha presentado el evangelio de la salvación como debe ser, que Jesús vino al mundo y murió por los pecados de la humanidad. Muchas personas son condenadas sin que se les presente una vía de escape. La gran mayoría ha oído de Jesús de una manera u otra.

Con el avance de la tecnología la palabra de Dios ha sido predicada en todas partes; pero solo el Espíritu Santo puede convencer de pecado mientras se presenta el mensaje de salvación; y todo aquel que oye el mensaje hace que su fe comience a crecer para entender que nadie más puede ofrecerle la ayuda que necesita, sino Jesucristo.

Cuestionario:

1. ¿Qué podemos decir de la fe de una persona cuando acepta a Jesús como su Salvador?
_____
_____
_____

2. ¿Qué nos dice Romanos 10:17?
_____
_____
_____

3. _____ están dispuestas a poner su confianza o pedir ayuda a un _____;

el cual, no saben absolutamente nada; por lo tanto, _____.

4. ¿Qué te hizo poner tu fe en Jesús?
_____
_____
_____

5. ¿Dónde crees que estuvieras si Jesús no hubiera llegado a tiempo a tu vida?
_____
_____
_____

6. En que o quienes ponías tu fe antes de conocer a Jesús?
_____
_____
_____

9

Regeneración

A menudo escuchamos a las personas utilizar la palabra: "degenerado"; sin pensar lo que están diciendo o lo que significa. Entonces surge la pregunta:

¿Qué es un degenerado?

Un degenerado es una persona que se ha salido de su sentido común, estado original o normal para comportarse de manera desordenada. Por lo tanto, cuando se usa la palabra "regeneración", es hacer que algo recupere su estado original a través de un proceso de recuperación. En la Biblia la regeneración se refiere a "nacer de nuevo o nuevo nacimiento". El apóstol Pablo en su carta a Tito dice: *"...Por medio del poder del Espíritu Santo nos salvó, nos purificó de todos nuestros pecados, y nos dio nueva vida. ¡Fue como si hubiéramos nacido de nuevo!"* (Tito 3:5 TLA).

¿Cómo puede una persona nacer de nuevo?

El término "regeneración" es la obra que el Espíritu Santo hace en la vida de una persona cuando acepta a Jesús como su Salvador. En una ocasión, un maestro judío llamado Nicodemo vino a Jesús de noche para no ser visto por la gente y los líderes religiosos de la época *(Juan 3:1-21)*. Nicodemo no sabía que esa noche sería confrontado por Jesús. En la conversación, Jesús le dijo a Nicodemo que debía nacer de nuevo, pero esta vez no sería el nacimiento de padres humanos, sino del agua, que representa el bautismo por inmersión como señal de arrepentimiento y muerte de la vieja naturaleza de pecado; y del Espíritu, que representa un nuevo nacimiento espiritual donde el Espíritu Santo viene a morar en el nuevo creyente y éste es presentado ante Dios sin pecado. El Espíritu Santo produce una nueva vida en la persona cuando se arrepiente de sus pecados. *"Por lo tanto, si alguno está en Cristo, es una nueva creación. ¡Lo viejo ha pasado, ha llegado ya lo nuevo!" (2 Corintios 5:17 NVI).*

La regeneración es el cambio interno que el Espíritu Santo hace en la persona afectando la parte fundamental cuando éste, habiendo "oído" *(Romanos 10:17)* y "creído" la Palabra de Dios acepta a Jesús como Salvador y abandona la vieja forma de vida que se considera perjudicial para su alma y comienza un nuevo estilo de vida en Jesucristo.

Los humanos tenemos cuarenta y seis cromosomas. Veintitrés son de nuestro padre y veintitrés de nuestra madre. Jesús tenía veintitrés de su madre María, y el Espíritu Santo puso los otros veintitrés. Es decir, había veintitrés cromosomas de Dios Padre. Por eso encontramos en el Nuevo Testamento que Jesús usa la palabra "Padre" para referirse a Dios como su Padre. Esto lo hace cien por ciento Dios y cien por ciento hombre.

¿Qué son los cromosomas y cuál es su función?

Según el Instituto Nacional de Investigación del Genoma Humano (Instituto Nacional de Investigación del Genoma Humano 2020), *"los cromosomas son estructuras delgadas, parecidas a hilos, ubicadas dentro del núcleo de las células. El núcleo es un ángulo de membrana. Su función principal es proteger la integridad de los cromosomas y ordenar las actividades que normalizan la manifestación genética. "Transferido de padres a hijos, el ADN (ácido desoxirribonucleico) contiene las instrucciones específicas que hacen que cada tipo de criatura viva sea único. Una copia de cada cromosoma se hereda del progenitor femenino y la otra del progenitor masculino. Esto explica por qué los niños hereden algunos de sus rasgos de su madre y otros de su padre.*

"Los cromosomas son una parte clave del proceso que garantiza que el ADN se copie y distribuya con precisión en la gran mayoría de las divisiones celulares".

A través del Espíritu Santo, Dios Padre proveyó a su Hijo Jesús todo lo necesario para cumplir su misión en la tierra. Esto hace que Jesús tuviera una cultura celestial donde la sociedad de su tiempo no lo comprendía, pensando que estaba loco.

El propósito de Jesús era reconciliar al hombre con Dios y traer la cultura del cielo a la tierra.

¿Qué es cultura?

Según David G. Mayer (Mayer 1999), se explica la cultura como *"los comportamientos, ideas, actitudes y tradiciones perdurables compartidas por un gran grupo de personas y transmitidas de una generación a la siguiente".*

Jesús estaba en medio de dos culturas:

- **Una terrenal:** *"que toda imaginación de los pensamientos de su corazón era solamente maldad de continuo"* (Génesis 6:5).
- **Otra celestial:** *"Porque he descendido del cielo, no para hacer mi voluntad, sino la voluntad del que me envió"* (Juan 6:38).

Jesús había venido de una cultura celestial y sabía que solo estaría temporalmente en la tierra. Por eso siempre aprovecha su tiempo al máximo para traer su cultura.

Este cambio a su estado original sólo puede ocurrir en la vida de una persona cuando abre la puerta de su corazón a Jesucristo. Para que este proceso de regeneración ocurra, la semilla que es la Palabra de Dios impacta el espíritu de la persona; el cual hace que abra la puerta de su corazón y acepte a Jesús como su único Salvador. *"He aquí que estoy a la puerta y llamo; si alguno oye mi voz y abre la puerta, entraré en él, cenaré con él y él conmigo" (Apocalipsis 3:20).* Ahora, por medio de Jesucristo, somos presentados limpios y sin mancha ante Dios. Hemos nacido de nuevo, pero esta vez no de semilla corruptible sino de semilla incorruptible, que es la Palabra de Dios que vive y permanece en nosotros *(1 Pedro 1:21-23)*. El Espíritu Santo hace un cambio radical en la vida de la persona.

Cuando la persona se convierte a Cristo, la vieja naturaleza que vivía en ella, según los deseos y placeres de este mundo, muere. A partir de ahí comienza a vivir una nueva vida por la fe en Jesucristo el Hijo de Dios. Este nacimiento espiritual ha creado una persona santa y sin mancha, una nueva criatura en Cristo Jesús que ha nacido por el Espíritu Santo. Esta persona debe tener el ADN de Dios y parecerse a su Padre Celestial. En una ocasión Jesús dijo a los fariseos: *"...el Hijo no puede hacer nada por sí mismo, sino lo que ve hacer al padre..." (Juan 5:19)*; en otra ocasión, Jesús dijo a los fariseos: *"...vuestro padre es el diablo, y los deseos de vuestro padre haréis... (Juan 8:44)*. El nuevo creyente comienza a vivir diferente a los demás. Su estilo de vida empieza a reflejar el carácter de su Padre Celestial. Aquí inicia un proceso progresivo en que el creyente, la nueva criatura, el nuevo hijo comienza a reflejar el carácter de su Padre. Esto lo produce el Espíritu Santo y está relacionado a la búsqueda y acercamiento a Dios que la persona puede emprender a través de la oración, la lectura de la Biblia, el ayuno y su asistencia a los servicios para alimentar su vida espiritual. Debemos perseverar hasta que esto se convierta en un estilo de vida en nosotros.

A medida que caminamos en este nuevo estilo de vida, puede surgir la pregunta: *"¿cómo sé que he nacido de nuevo y que se están produciendo cambios en mí?"*.

He aquí algunos puntos para saber si se están produciendo cambios en tu vida:

- Cuando comparo mi vida anterior y cómo soy ahora, me doy cuenta de que ya no soy la misma persona que era hace unos meses.
- Además, la forma en que veo las cosas, mi estilo de vida, y cómo trato a la gente muestran cambios en mi vida que no puedo explicar cómo están sucediendo.
- Aunque muchas cosas en nuestra vida estén siendo difíciles de remover, debemos mantenernos firmes y dejar que el Espíritu Santo siga trabajando en nuestras vidas, esto indica que aún estamos en el proceso de regeneración.

La regeneración es la primera gran obra que Dios hace en nosotros al perdonar nuestros pecados en el momento que aceptamos a Jesús como nuestro Salvador. A partir de ese inolvidable momento sucede algo nuevo en nuestra vida que llamamos el nuevo nacimiento o regeneración. Por medio de Jesucristo, hemos nacido de nuevo como al principio de la creación; pero esta vez al estado original desde el punto de vista espiritual.

La segunda gran obra que Dios lleva a cabo en nosotros es restaurar nuestra naturaleza caída; aquella que Adán perdió una vez en el Jardín del Edén cuando desobedeció a Dios. La regeneración es la obra del Espíritu de Dios donde los nuevos creyentes reciben la vida de Dios y la naturaleza de Dios para formar parte de la familia de Dios.

Desde la perspectiva divina, podemos llamarlo el nuevo nacimiento.

¿Qué es el nuevo nacimiento?

El nuevo nacimiento o nacer de nuevo ocurre en la vida de la persona en el momento que acepta a Jesús como su Salvador. En ese momento una nueva creatura nace dentro del nuevo creyente, espiritualmente hablando.

Desde la perspectiva divina se llama "nuevo nacimiento"; y desde la perspectiva humana se llama "conversión". *"Jesús le respondió: De cierto, de cierto te digo que el que no ha nacido de nuevo no puede ver el reino de Dios" (Juan 3:3).*

Cuestionario:

1. ¿Qué es un degenerado?
   _____
   _____
   _____

2. El término "_____" es la obra que el Espíritu Santo hace en la vida de una persona cuando acepta a Jesús como su Salvador.

3. ¿Qué son los cromosomas y cuál es su función principal?
   _____
   _____
   _____

4. A través del Espíritu Santo, _____ proveyó a _____ todo lo necesario para cumplir
   _____

5. Según David Mayer (Mayer 1999) ¿Qué es cultura?
   _____
   _____
   _____

6. ¿Cuáles son los cambios que has notado después que aceptaste a Jesús?
   _____
   _____
   _____

7. ¿Cuándo ocurre el nuevo nacimiento?
_____
_____
_____

8. Desde la perspectiva divina se llama "_____"; y desde la perspectiva humana se llama "_____".

10

Justificación

Cuando hablamos de justificación; podríamos decir que es la expresión o argumento que frecuentemente utilizamos para excusarnos y quedar bien ante los demás. Desde la perspectiva cristiana, es el acto por el cual Dios nos ve a través del sacrificio de su Hijo Jesús en la Cruz del Calvario y pasa por alto nuestros pecados declarándonos no culpables y eliminando todos los cargos que había contra nosotros y nos hacían merecedores de la condena eterna.

Debemos entender que hemos sido concebidos en una naturaleza pecaminosa, la cual está en nuestro ADN y por más que tratemos de deshacernos de esta naturaleza pecaminosa no podemos hacerlo con nuestras propias fuerzas; al contrario, como seres humanos nuestra naturaleza nos hace correr hacia el pecado; y no solo eso, también disfrutamos lo que hacemos sin ningún remordimiento o culpabilidad. También nos complacemos con aquellos que lo practican y lo hacen una forma de vida. La carta a los Romanos nos dice que aquellas personas que viven una vida depravada practican cosas desagradables a Dios y *"no solo las hacen, sino que también se complacen con los que las practican" (Romanos 1:32)*.

El salmista David escribió: *"En la iniquidad fui engendrado, y en el pecado me concibió mi madre" (Salmo 51:5)*. Entonces, ¿qué es la justificación y cómo podemos ser justificados ante Dios, si el pecado está en nuestra naturaleza humana?

En la Biblia encontramos a un personaje del Antiguo Testamento que después de haberlo tenido todo: casas, bienes, familia, sirvientes, buena fama, un hombre respetado en la sociedad de su tiempo, un ayudante y defensor de los huérfanos, viudas y desamparados; un hombre al que Dios llamó justo, hasta el punto de convertirse en el hombre más rico de su tiempo. Este hombre lo perdió todo en un solo día. Incluso, su esposa, al no saber cómo reaccionar ante tal situación le dijo: *"¿Aún conservas tu integridad? Maldice a Dios y muérete" (Job 2:9)*. Nos referimos a Job. Este hombre se hizo la pregunta más importante que cualquier ser humano puede hacerse en un momento en que todo lo que sucede a su alrededor no tiene sentido. Estaba desconcertado y como resultado, buscaba una respuesta de su Creador a través de la justificación, pensando que todo el bien que había hecho a favor de otras personas le garantizaba paz y seguridad mientras vivía en la tierra. Job se preguntó: *"... ¿Y cómo podrá el hombre ser justificado por Dios? Si alguien quisiera discutir con él, no podría responderle ni una vez entre mil".((Job 9:2-3)*. *"¿Cómo, pues, se justificará el hombre ante Dios? ¿Y cómo será limpio el nacido de mujer?" (Job 25:4)*.

La justificación y palabras derivadas:

Según la "Real Academia de la Lengua Española":

- **Justificar** - Es presentar razones o pruebas para demostrar que algo no merece ser juzgado mediante testigos o documentos convincentes.
- **Justificar** - (del latín justificatio, en griego dikaiosis δικαιοσις) como término jurídico, significa "absolver" (declarar justo. Palabra utilizada en el término jurídico) y dictar sentencia favorable en un juicio. Su extensión como término teológico, implica que el hombre, acusado del juicio final, comparece ante Dios, el Juez

justo, acusado de sus pecados; puede obtener la condena o la salvación, ambas eternas.

- **Absolución (Derecho)** - Una absolución, en derecho, es cuando una sentencia judicial dictamina que una persona no es culpable del delito por el que ha sido juzgada. El acusado es, por tanto, inocente. La absolución tiene varias consecuencias jurídicas muy importantes. Entre ellas está la absolución por sentencia firme, que prohíbe que la misma persona sea juzgada de nuevo por el mismo delito y por los mismos hechos.

La justificación es un acto de amor de Dios hacia los seres humanos en el momento en que confiesan a Jesús como su Señor y Salvador; desde ese momento son salvadas y declaradas no culpables ante Dios.

Entendiendo que el ser humano no puede justificarse ante Dios; sólo hay un camino para que el acusado sea declarado libre de responsabilidad penal (pecado); esto es a través de la justificación por medio de Jesucristo; siendo así perdonado de sus pecados y levantando todas las acusaciones en las que haya incurrido.

El apóstol Pablo en su carta a los romanos dice lo siguiente:

"Justificados, pues, por la fe, tenemos paz para con Dios por medio de nuestro Señor Jesucristo, por quien también tenemos acceso por la fe a esta gracia en la que estamos, y nos alegramos en la esperanza de la gloria de Dios" (Romanos 5:1-2).

Cuando Dios envió a su Hijo Jesús a morir por nuestros pecados (todos los pecados de la humanidad), Dios le dio a la humanidad una oportunidad más para volver a entrar en paz con Él. La humanidad vivía en una guerra constante contra Dios, permaneciendo en pecado, violando los decretos (leyes) establecidos por Dios: Leyes que debía seguir y obedecer, pero desde que la humanidad cayó de la gracia de Dios ha estado en una rebeldía constante con su Creador. Dios tuvo que enviar a su Hijo Jesús como embajador y representante del reino de los cielos para que la humanidad volviera a Él. Es claro que el hombre no tiene excusa ante Dios. El sacrificio de Jesús en la Cruz del Calvario justifica o condena a los seres humanos.

El evangelio de Mateo nos dice: *"Y se oyó una voz desde el cielo que decía: Este es mi Hijo amado, en quien me complazco"* (Mateo 3:17).

También Lucas: *"Y vino una voz desde la nube, diciendo: Este es mi Hijo amado; escuchadle"* (Lucas 9:35).

Cuando aceptamos el sacrificio de Jesús, comprendemos que solo Él puede presentarnos justos ante el Padre por medio de nuestra fe. Desde el momento en que creemos en Jesús somos justificados, y Dios nos declara justo; es decir, no culpables. Así nos absuelve de la condenación que ya había señalada para nosotros.

"¿Quién acusará a los elegidos de Dios? Dios es el que justifica" (Romanos 8:33).

Cuando ponemos nuestra fe en Jesucristo, Él se convierte en nuestro abogado defensor y volvemos a entrar en paz con nuestro Señor y Creador.

Cuando confesamos a Jesucristo como nuestro Señor y Salvador somos declarados no culpables. El juicio que Dios pueda hacer contra nosotros pierde su efecto condenatorio y toda posible sentencia que nos desfavorezca pasa a ser anulada. Cuando hemos aceptado a Cristo pasamos del grupo de los condenados de la izquierda, al grupo de los salvados de la derecha: *"Entonces dirá también a los de su izquierda: Apartaos de mí, malditos, al fuego eterno que ha sido preparado para el diablo y sus ángeles"* (Mateo 25:41).

Según el Dr. Elmer L. Towns (Towns 2008), de la Universidad Liberty, en su libro *"Theology for Today"*, presenta un argumento sobre la justificación: *"La justificación es un acto por el que se cambia nuestra posición en el cielo y se da al hombre una nueva posición ante Dios"*.

Justificación es:

- "Un acto de la gracia gratuita de Dios, por el cual Él perdona todos nuestros pecados, y nos acepta como justos ante Él, sólo por la justicia de Cristo imputada a nosotros, y recibida por la fe" *(Catecismo de Westminster).*
- "La justificación es un acto judicial de Dios en el que declara al pecador de la condenación y lo restaura al favor divino" *(Mullins).*
- "Uniformemente, o con una sola excepción, significa, no hacer justo, sino declararlo simplemente libre de la culpa que lo expone al castigo" *(Wotakis).*

"Abraham es la primera persona que la Biblia describe como justificado por la fe. "Abraham le creyó al Señor, y este acto de credulidad y confianza en Dios le fue contado por justicia" *(Génesis 15:6).*

Cuestionario:

1. ¿Qué podríamos decir cuando hablamos de la justificación?
_____
_____
_____

2. Describa los derivados de la justificación:
A. Justificar:
_____
_____
_____

B. Absolver:
_____
_____
_____

C. Absolución:

_____
_____
_____

3. La justificación _____
en el momento en que confiesan a _____
_____

4. ¿Qué nos dice el apóstol Pablo en Romano 5:1-2?
_____
_____
_____

5. ¿Consideras que la justificación que nos ofrece Jesús es suficiente para perdonar nuestros pecados? _____
¿Por qué?
_____
_____
_____

11

Santificación

Muchos creyentes han presentado el proceso de santificación como un estado de perfección inalcanzable. Algunos parafrasean las citas bíblicas que se encuentran en 1 Pedro: *"sino, como aquel que os llamó es santo, sed también vosotros santos en toda vuestra manera de vivir;* [16] *porque escrito está: Sed santos, porque yo soy santo. (1 Pedro 1:15-16 RVR1960)*. También hebreos dice: *"Buscad la paz con todos y la santidad, sin la cual nadie verá al Señor" (Hebreos 12:14 RVA1960)*. Tanto el apóstol Pedro como el escritor de la carta a los Hebreos nos animan a vivir según la voluntad de Dios: separados del pecado. La santidad es una característica de Dios que nos exige vivir una vida apartada de todo lo que nos aleja y nos hace pecar contra Él. Muchos cristianos escuchan la palabra santidad y sienten que es algo difícil de lograr; otros piensan que nunca tendrán la oportunidad de vivir una vida santa como dice y manda la Palabra de Dios; piensan que su vida cristiana está en una balanza que puede inclinarse más hacia un lado que hacia el otro. Es triste decirlo, pero muchos cristianos realmente desconocen el significado de la palabra "santificación" y de lo que implica en sí mismo este término. ¿Por qué surgió este concepto erróneo entre el pueblo de Dios? Algunas personas en la iglesia pretenden vivir una vida tan santa que consideran cualquier cosa en su opinión es pecado. Muestran un rostro serio al decir: "Hay que vivir una vida en santidad". Y si les preguntamos qué significa la palabra santidad, es posible que no sepan responder. La falta de conocimiento y estudio de la Biblia es una de las muchas razones por las que muchos cristianos no entienden la Palabra de Dios.

La Biblia dice: *"Mi pueblo perece por falta de conocimiento" (Oseas 4:6 (NLT).* La falta de conocimiento de la Palabra de Dios en las congregaciones hace que los cristianos sean ignorantes de la verdad y no puedan vivir una vida alegre, abundante y de crecimiento espiritual.

La palabra santificación en la Biblia se utiliza para "apartar" a alguien o algo para Dios. Esto puede ser una persona, cosa, institución, etc. Un ejemplo en el Antiguo Testamento fue cuando apartaron los sacerdotes para el servicio en el altar de Dios *(Levítico 9).*

Otro ejemplo es, cuando el rey Salomón dedicó el templo y la gloria de Jehová descendió y llenó el lugar *(2 Crónicas 7:1-7).* También en el Nuevo Testamento, encontramos a Bernabé y Saulo fueron separados por el Espíritu Santo para una misión especial (Hechos 13:1-3).

Actualmente, la definición de santificación ha sido mal interpretada. Muchos consideran que una persona santificada, ya no puede pecar. Otros lo han llevado al extremo que la persona tiene que aislarse de la sociedad.

La definición de *"Santificación"* o *"Santo"* es *"ser apartado para Dios".* Tanto la palabra santo como santificación tienen el mismo significado en hebreo y en griego. Ahora bien, cuando algo es apartado para el servicio de Dios, no significa que sea más santo; porque sólo Dios es Santo en su totalidad. La persona u objeto es santificado porque ha sido apartado para el servicio de Dios y no puede ser usado para nada más que para lo que fue consagrado porque entonces pierde el propósito para el cual fue apartado.

Cuando una persona es santificada para Dios, es alguien que se ha separado de su vida pasada para dedicarse a servir a Dios y no vivir una vida esclavizada al pecado (Romanos 6:17-19).

La palabra santificar significa "apartar" mientras que la palabra santificación significa "separación".

La transformación de la santificación en el creyente comienza desde el momento de la conversión, donde la persona decide aceptar a Jesús como su Salvador y entrar en la reconciliación con Dios Padre.

En el proceso de santificación, el nuevo creyente comienza a dedicar su vida al servicio de Dios. Comprende que ahora tiene dueño y ya no es esclavo del pecado que le impedía vivir una vida consagrada y dedicada a Dios.

Como creyentes en Cristo debemos vivir una vida totalmente consagrada. Esto no significa que debemos vivir aislados de la sociedad hasta el punto de creer que no debemos socializar con los no creyentes. Tenemos que compartir con ellos porque es la única manera que podremos anunciar el mensaje de salvación y la esperanza que tenemos en Jesús nuestro Salvador. La Biblia nos dice que no podemos practicar el pecado si hemos nacido de nuevo *(1 Juan 3:9)*.

La santificación es continua y progresiva. Pablo, en su carta a los hermanos de la iglesia en Filipos desea que Dios siga perfeccionando lo que ha comenzado en ellos *(Filipenses 1:6)*. Esta práctica de santificación que ha comenzado con nuestra conversión se completará cuando Cristo venga o nosotros vayamos a sus moradas.

El apóstol Pablo le dice a los Efesios *(Efesios 2:12)* que ellos han pasado de extranjeros a ciudadanos del reino de los cielos. La separación del pecado debe ser en alma, cuerpo y espíritu *(1 Tesalonicenses 5:23)*. Esta separación nunca fue vista como algo negativo, sino para acercarse a Dios y vivir una vida como la Biblia manda.

La Palabra de Dios es la que nos santifica. Jesús en sus últimas horas en la tierra, antes de ser crucificado, oró por sus discípulos diciendo *"santifícalos en tu verdad, tu palabra es verdad" (Juan 17)*.

Cuando un nuevo creyente comienza a caminar como Hijo de Dios se dirige a encontrar un propósito para su vida. Así que, la oración de Jesús era santificar a sus discípulos a través de las palabras que escuchaban diariamente de Él.

Cuando sacamos el tiempo para leer y estudiar la Palabra de Dios, esta comenzará a mostrar comportamientos y actitudes que no son apropiados en la vida de un creyente.

Todo nuevo creyente debe entender que el proceso no será fácil al principio, pero que después de un tiempo verán como el Espíritu Santo les da propósito en sus vidas para comenzar a caminar en la voluntad que Dios ha trazado para ellos.

La Biblia es el manual por el cual nos regimos y como creyentes, debemos estudiarla. Cada vez que vayamos a hacer algo fuera de la voluntad de Dios, el Espíritu Santo nos recordará lo que dice la Palabra de Dios para alejarnos del pecado. Esto no quiere decir que en algún momento no vayamos a pecar; sino que no podemos hacer del pecado una práctica diaria como ya hemos mencionado anteriormente.

Cuestionario:

1. Describe con tus propias palabras que es la santificación

_____
_____
_____

2. Has conocido alguna vez a alguien que quiere vivir una vida tan santa que llama pecado casi a todo? _____

Describe:

_____
_____
_____

3. ¿Cuál es la diferencia entre "Santificar" y "Santificación"?

_____
_____
_____

4. _____, debemos vivir una vida totalmente consagrada.

5. La santificación _____

6. _____ es la que nos santifica.

7. ¿Cuál es el manual que nos rige?
_____
_____
_____

8. Pregunta ¿Como sabes que estas progresando en el proceso de la santificación?
_____
_____
_____

III

TERCERA ETAPA / ALIMENTACION ESPIRITUAL

No hay nada mejor que una alimentación saludable. Saber que nuestro cuerpo está recibiendo las vitaminas y minerales necesarios nos llena de felicidad. En la vida cristiana es de igual manera. Para ser cristianos fuertes y saludables espirituales debemos tener una alimentación espiritual saludable. La oración, la lectura de la Biblia, el ayuno, el diezmar, ofrendar, evangelizar y congregarse no pueden faltar en nuestra alimentación espiritual. El cristiano que no sigue esta alimentación se convertirá en un cristiano débil y enfermo espiritual, y cuando lleguen los momentos difíciles no podrá sostenerse ante las tentaciones y adversidades que en enfrentará en su vida.

12

Oración

¿Qué es la oración?

La oración no puede faltar en la vida cristiana. No importa si eres nuevo o tienes muchos años en la fe cristiana. Todos tenemos que orar. El cristiano que no ora no permanecerá firme en su caminar como Hijo de Dios. No orar sería como estar en una casa donde viven varios miembros de una familia que no se comunican entre sí. Si no oramos le estamos diciendo a Dios que no lo necesitamos, que no intervenga en nuestros asuntos cotidianos.

La frase "Orar es hablar con Dios" es una afirmación tradicional que todos hemos escuchado y aprendido rápidamente. En verdad, ¿es orar hablar con Dios solamente?

Jesús fue nuestro mayor ejemplo en la oración, porque siendo el Hijo de Dios tomaba tiempo para orar. ¿Cuánto más debemos hacerlo nosotros, que somos sus discípulos? Para Él, la oración era sumamente importante. Era lo primero que hacía antes de iniciar su viaje por pueblos y aldeas anunciando las buenas nuevas de la salvación. A través de la oración, buscaba la dirección del Padre para cada día. En la Biblia encontramos que antes que sus discípulos se despertaran, Él se levantaba e iba a lugares desiertos a orar. *"Y levantándose de madrugada, cuando aún estaba muy oscuro, salió y se fue a un lugar desierto, y allí oró"* (Marcos 1:35 - RVR1960).

El pastor Daniel Oscar (Oscar, 2018) afirma que: "La oración es la parte principal del culto. La oración; es decir, la adoración a través de la oración. Los creyentes genuinos y espiritualmente comprometidos tienen una vida disciplinada como señal de ejercicio en la preparación ministerial".

Como cristianos debemos dedicar tiempo para adorar a Dios a través de la oración; en otras palabras, debemos hablar con Dios. En una conversación de dos personas no sólo habla una, sino que intervienen las dos. Cuando hablamos con Dios, también debemos estar dispuestos a escuchar su voz. Dios nos habla a través de su Palabra (la Biblia) o cuando el Espíritu Santo habla directamente a nuestro espíritu. Escuchar implica prestarle atención a quien nos habla y tratar de entender lo quiere decirnos. Escuchar es algo intencional que es diferente de oír. No tenemos control sobre lo que oímos, pero sí sobre lo que escuchamos.

Cuando nos acercamos a Dios en la oración debemos hacerlo con reverencia, entendiendo que no estamos ante un ser ordinario, sino ante un ser supremo que creó todo lo que existe, visible e invisible. La Biblia nos dice: *"Porque en él fueron creadas todas las cosas, tanto en el cielo como en la tierra, visibles e invisibles, sean tronos, dominios, poderes o autoridades; todo fue creado por medio de él y para él"* (Colosenses 1:16 RVA).

A través de la oración exaltamos a Dios como el Todopoderoso y Creador de todo lo que existe. Como señala la oración modelo, "El Padre Nuestro", para que venga su reino y se haga su voluntad en la tierra como se hace en el cielo. No sólo eso, también le pedimos que nos dé su dirección y orientación para nuestras vidas con el propósito de que todo lo que hagamos sea según su voluntad y no la nuestra, porque Él conoce el futuro y sabe lo que es mejor para nosotros.

¿Por qué debe orar un cristiano?

Cuando oramos estamos invitando a Dios para que entre a todas las partes de nuestra vida. Les estamos dando a Dios todo el control de lo que somos y hacemos. El creyente que no ora pierde la oportunidad de hablar con Dios y de adorarle como su Creador y Señor. Pierde la oportunidad de decirle a Dios lo que siente y no le permite a Él dirigir y controlar sus decisiones.

En una ocasión, los discípulos vieron a Jesús orando y le pidieron que les enseñara a orar.

Una cosa muy importante que todo creyente cristiano debe hacer es orar. Esto debería convertirse en una forma de vida para nosotros. La oración es la llave que abre la ventana del cielo para entrar en contacto directo con nuestro Creador. Jesús dijo: *"Y todo lo que pidáis al Padre en mi nombre, yo lo haré, para que el Padre sea glorificado en el Hijo" (Juan 14:13)*. La única manera que podemos pedirle al Padre a través de Jesús es orando.

La oración es una herramienta poderosa a la que todo cristiano puede recurrir en toda situación, tiempo y lugar. En la Biblia encontramos que Jesús pasaba tiempo orando. Iba a lugares desiertos y apartados de la multitud. También lo hacía en las primeras horas de la mañana.

El Dr. Myles Munroe (Munroe 2005), en su libro "Entendiendo el Propósito y el poder de la Oración" (que recomiendo comprar y leer) nos dice: "La oración es más que hablar con Dios. Es orar con un propósito pidiéndole a Dios que cumpla su voluntad en mi vida. Una cosa que debemos entender es que la oración no es hacer ruido. Algunas personas hacen mucho ruido cuando oran e incluso tratan de llamar la atención con sus oraciones. Jesús les dijo a sus discípulos que no hicieran repeticiones vanas al orar" *(Mateo 6:7-8)*.

En el evangelio de Lucas encontramos el modelo de la oración que Jesús compartió con sus discípulos, no para que la repitieran simplemente, sino para que aprendieran a comunicarse con su Padre Celestial. Lucas nos dice: *"Aconteció que estaba Jesús orando en un lugar, y cuando terminó, uno de sus discípulos le dijo: Señor, enséñanos a orar, como también Juan enseñó a sus discípulos..." (Lucas 11:1-4 RVR 1960)*. Esto llamó la atención de los discípulos y se interesaron en aprender a orar.

El Dr. Myles Munroe (Munroe 2005) continúa diciendo: "La Oración de Jesús presenta a Dios Padre como la fuente que suple nuestras necesidades, y acudimos a él con sumisión porque está por encima de todo. Le hacemos reverencia reconociendo que es santo y todopoderoso; que se haga la voluntad de Dios en la tierra como se hace en el cielo; es decir, la vida de cada uno de nosotros más que la petición lista que podamos llevarle. En su provisión diaria de pan está todo lo necesario; esto incluye el proceso de obtención del alimento diario. Debemos mantener una buena relación con todos para evitar las raíces de la amargura y perdonar cómo Dios nos ha perdonado. Pedirle sabiduría para tomar buenas decisiones y nos aleje de las tentaciones que en su mayoría vienen por las decisiones que tomamos diariamente. Y terminar agradeciéndole por adelantado las peticiones atendidas".

Cuando oramos, debemos asegurarnos de que nuestras oraciones se ajusten a la voluntad de Dios. No se trata de llegar a su presencia y pedir todo lo que se nos ocurra como si Dios fuera un genio con una lámpara mágica obligado a responder a nuestras peticiones. Esto no significa que Dios no esté dispuesto a responder a las peticiones de nuestro corazón como nos dice el salmista: *"Deléitate asimismo en Jehová y él te concederá las peticiones de tu corazón. Encomienda a Jehová tu camino, confía en él y él hará. (Salmo 37:4- 5 RVR1995)*. Pero, incluso, nuestras peticiones deben ser de acuerdo con su perfecta voluntad porque Él no te dará algo que afecte tu vida espiritual o sus propósitos en tu vida. Así que, cuando le decimos: *"Venga tu reino. Hágase tu voluntad, como en el cielo, así también en la tierra" (Mateo 6:10);* y la única manera en que la voluntad de Dios puede hacerse en la tierra como en el cielo es a través de nosotros sus hijos; aquellos redimidos por la Sangre de Cristo.

Debemos asegurarnos de que nunca nos falte el deseo de hacer la voluntad de Dios. Él Espíritu Santo es la fuerza motriz que nos empuja a orar para ver las peticiones de nuestro corazón contestadas de acuerdo con la voluntad de Dios. La Biblia dice: *"Pedís y no recibís, porque pedís mal, para gastarlo en vuestros placeres". (Santiago 4:3 RVR1960)*. La palabra ʻ*deleite*' viene del griego (ἡδοναῖς) ʻ*hēdonē;* y significa ʻ*placer, deseo de placer*'. Se refiere a los deseos o apetitos desenfrenados de la carne que están en nosotros con el único propósito de satisfacer nuestras apetencias y provocar celo y envidia en otros cristianos. Oraciones como esta no son respondidas y no son parte de la voluntad de Dios para nuestras vidas. Este tipo de oración tiene malas intenciones y es perjudicial para el que la pide.

Un ejemplo diferente al anterior lo encontramos en Lucas: *"Si vosotros, siendo malos, sabéis dar buenos regalos a vuestros hijos, ¿cuánto más vuestro Padre celestial dará el Espíritu Santo a los que se lo pidan?" (Lucas 11:13 - RVR1960)*. La oración es la forma en que podemos acercarnos a nuestro Padre Celestial. Algo importante a tener en cuenta es que Jesús nos invita a pedirle a Dios que nos dé su Espíritu Santo; porque, Él es quien nos enseña a pedir según la voluntad de Dios para nuestras vidas. Oraciones como estas no serán desperdiciadas ni serán una pérdida de tiempo. Quién mejor que el Espíritu Santo, que conoce lo más secreto de Dios, puede enseñarnos a orar para que Dios nos muestre lo que está oculto en Él sobre nosotros.

Cuestionario:

1. En tus propias palabras ¿Qué es la oración?
_____
_____
_____

2. _____ es la _____. La oración; es decir, la _____ a través de la _____

3. ¿Por qué debe orar un cristiano?

4. ¿Qué nos dice Juan 14:13?

5. ¿De qué debemos asegurarnos cuando oramos?

6. Que significa la palabra griega *"hēdonē"* y a que se refiere?

7. Por qué Jesús nos invita a pedir a Dios de su Espíritu Santo?

8. Describe tu experiencia en la oración:

13

Lectura y Estudio de la Biblia

La lectura y el estudio de la Palabra de Dios, es algo que no puede faltar en la vida devocional de un nuevo creyente. Cuando se toma tiempo para conocer más a Dios a través de la lectura de su Palabra, se cultiva una vida espiritual próspera y saludable que le facilitará el crecimiento integral al cristiano. Leer las Escrituras, si lo hacemos continuamente, se convertirá en un hábito personal que nos servirá para toda la vida.

La lectura y el estudio de la Palabra de Dios son importantes para nuestro crecimiento espiritual. A través de ellos, crecemos y conocemos la voluntad de Dios para nuestras vidas. Un cristiano que no lee ni estudia las Escrituras siempre permanecerá ignorante de los mandatos de Dios para su vida. Necesitamos conocer nuestro manual para cuando el tentador venga podamos defendernos de la misma manera que lo hizo Jesús cuando fue tentado por Satanás en el desierto. *"Entonces el diablo le dijo: Si eres el Hijo de Dios, manda que esta piedra se convierta en pan. Respondió Jesús y le dijo: Está escrito: No sólo de pan vivirá el hombre, sino de toda palabra de Dios"(Lucas 4:3-4 RVA1960).*

Como Hijos de Dios, debemos estar preparados con la Palabra de Dios para defendernos en todo momento de Satanás que siempre buscará una oportunidad para hacernos caer. La Biblia dice que debemos estar vigilando todo el tiempo por la clase de adversarios que tenemos. Él no duerme porque siempre está buscando la manera de hacernos caer. *"Tened cuidado y estad siempre alerta, porque vuestro enemigo, el diablo, ronda como un león rugiente buscando a quien devorar"* (1 Pedro 5:8 RVA).

Debemos formar el hábito de leer la Palabra de Dios. Si no leemos no podemos contrarrestar los ataques del enemigo. La lectura es extremadamente importante para el crecimiento espiritual de los nuevos creyentes. La Palabra de Dios es el filtro que todo cristiano debe usar para examinar todo lo que aprendemos en la iglesia y fuera de ella. Cuando un líder enseña a la congregación, sus enseñanzas deben estar basadas en la Palabra de Dios. *"Pero examinadlo todo atentamente, reteniendo lo bueno"* (1 Tesalonicenses 5:21 RVA). La única manera que podremos examinar si la enseñanza está de acuerdo con la Biblia es cuando la leemos y la estudiamos.

La lectura y estudio de la Palabra de Dios nos convierten en cristianos con un fundamento sólido y estable, para no ser movidos por ningún "viento doctrinal" de muchos falsos maestros que están engañando a las congregaciones. Pablo aconseja a Timoteo que tenga mucho cuidado con los que no enseñan correctamente la verdad revelada por Dios en su palabra. *"Si alguien enseña falsas doctrinas y se aparta de la sana enseñanza de nuestro Señor Jesucristo y de lo que enseña la verdadera religión, es un orgulloso e ignorante; es una persona que tiene el vicio de provocar discusiones que dan lugar a envidias, contiendas, ofensas, desconfianza y disputas entre los que están depravados de mente y no conocen la verdad. Para ellos, el Evangelio es un gran negocio"* (1 Timoteo 6:3-5 RVA). Por eso es importante conocer las Escrituras, porque no solamente nos defiende de Satanás cuando viene con astucia, sino también de aquellos falsos maestros que funcionan como agentes de las tinieblas.

La gran mayoría de los cristianos no les gusta leer. Pero ¿cómo podemos saber lo que Dios dice en su Palabra si no sacamos el tiempo para leerla?

Un cristiano que no le gusta la lectura tendrá probablemente mayores dificultades para leer la Biblia; sin embargo, aun así, deberá sacar tiempo para leerla, y aunque no disfrute el hecho como otros lectores, el interés de conocer más de Dios le puede ser de mucha ayuda para tomarle amor al estudio de su Palabra. Aunque sea con algo de esfuerzo, en la medida que comienza a conocer los beneficios que tiene para su vida el conocimiento de las Escrituras, en esa medida irá mejorando su hábito para leer la Biblia cada vez con mayor frecuencia y provecho. Dios habla de diferentes maneras a sus hijos y una de ellas es a través de su Palabra, la Biblia.

El nuevo creyente no puede pasar por alto la lectura y el estudio de la Palabra de Dios. Cada vez que tomamos tiempo para leerla y estudiarla abrimos una puerta para que el Espíritu Santo revele más y más a Jesucristo en nuestras vidas. En el Antiguo Testamento, Dios hablaba a través de los profetas al pueblo. Esto limitaba a la gente a tener una experiencia cercana o personal con Dios. Tenían que ofrecer sacrificios de animales para recibir el perdón de sus pecados utilizando a los sacerdotes designados por Dios como mediadores. La carta a los hebreos nos dice: *"En la antigüedad Dios habló muchas veces y de diversas maneras a nuestros antepasados por medio de los profetas; pero en estos últimos tiempos nos ha hablado por medio de su Hijo. A él Dios lo hizo heredero de todas las cosas, y por medio de él creó todo el universo"* (Hebreos 1:1-2 RVA).

Hoy tenemos nuestra experiencia personal cuando leemos y estudiamos la Biblia. Dios habla directamente a nuestro espíritu. Ya no tenemos que esperar que otros intercedan por nosotros; ahora, podemos ir directamente a Dios y tener nuestra experiencia personal con nuestro Creador y Salvador Jesucristo. Jesús hablando a la mujer samaritana nos dice: *"Pero viene la hora, y ahora es, en que los verdaderos adoradores adorarán al Padre en espíritu y en verdad; porque también el Padre busca tales adoradores para que le adoren. Dios es Espíritu; y los que le adoran deben adorar en espíritu y en verdad" (Juan 4:23-24 RVA1960)*. La lectura y el estudio de la Palabra de Dios nos enseñarán cómo debemos acercarnos y presentarnos al Padre. También a través de la lectura de la Biblia entenderemos como la voluntad de Dios se va cumpliendo en nuestras vidas. Así nos vamos asegurando que, en nosotros, aun en medio de los problemas, la voluntad del Padre que está en el cielo es confirmada en nosotros que estamos aquí en la tierra de acuerdo a su propósito.

La Biblia es la Palabra de Dios y es lo suficientemente efectiva para transformar nuestras almas en el momento que ponemos nuestra confianza en Jesucristo. *"Porque la palabra de Dios es viva y eficaz, y más cortante que toda espada de dos filos; y penetra hasta partir el alma y el espíritu, las coyunturas y los tuétanos, y discierne los pensamientos y las intenciones del corazón" (Hebreos 4:12 RV1960)*. Dios, en su omnisciencia (que lo sabe todo), sabía que la mejor manera de preservar y transmitir su Palabra a todos los seres humanos era a través del lenguaje escrito. Esto la preservaría de generación en generación.

Nuestra memoria y las formas tradicionales, como la tecnología, no son confiables cuando se trata de transmitir la Palabra de Dios. La memoria y la tecnología fallan, pero lo que está escrito en papel puede permanecer inalterado. *"Porque de cierto os digo que hasta que pasen el cielo y la tierra, ni una jota ni una tilde pasará de la ley, hasta que todo se cumpla" (Mateo 5:18 RV1960)*. También, en Mateo: *"El cielo y la tierra pasarán, pero mis palabras no pasarán" (Mateo 24:35 RV1960)*. El Espíritu Santo inspiró a hombres consagrados y dispuestos a escribir los libros de la Biblia que tenemos hoy.

De manera que no podemos pasar por alto o descartar que Dios nos hable a través de la literatura cristiana; que es un complemento para ayudarnos a entender mejor los pensamientos de Dios para nuestras vidas.

Cada vez que nos tomamos un tiempo para leer y estudiar la Biblia nuestra fe crece al aprender cómo Dios siempre ha estado dispuesto a escuchar a sus hijos y cómo a lo largo de la historia ha permanecido fiel a todos los que esperan en sus promesas. Por eso, sin importar lo que estemos pasando, nos aferramos a sus promesas porque sabemos que nuestro Dios está en control de todo haciendo un trabajo maravilloso, incluso cuando no podamos ver en el mundo físico lo que está sucediendo en el mundo espiritual.

Cuestionario:

1. Mencione dos cosas que no pueden faltar en la vida devocional de un creyente?
_____
_____
_____

2. La lectura y el estudio de la palabra de Dios
_____
_____
_____

3. En qué clase de cristiano nos convierten la lectura y el estudio de la palabra de Dios?
_____
_____
_____

4. Un cristiano que _____ probablemente se tomará _____ para leer la Biblia.

5. A donde habla Dios directamente cuando leemos y estudiamos la Biblia?
_____
_____
_____

6. Citar Hebreos 4:12

"_____

_____

_____"

7. Cuando fue la última vez que Dios te hablo directamente al espíritu a través de la lectura y el estudio de la Biblia?

8. Cuando has leído y estudiado la Biblia ¿Te has sentido confrontado alguna vez? ¿Cómo te ha ayudado a cambiar para mejorar tu vida espiritual?

14

Ayuno

El ayuno era una práctica común entre los judíos que luego continuó entre los cristianos. Tanto en el Antiguo como en el Nuevo Testamento encontramos que se practicaba tanto individual como colectivamente. Los participantes se abstenían de comer y beber. Esta abstinencia era voluntaria y podía durar un día (de seis de la mañana a seis de la tarde), tres días, una semana o cuarenta días. El propósito era buscar la dirección de Dios para sus vidas. No querían hacer nada fuera de la voluntad de Dios.

El creyente debe estar dispuesto a practicar el ayuno para consagrarse más a Dios y estar en mayor comunión con Él. Esto hará que su crecimiento espiritual en la fe sea saludable. En el Nuevo Testamento, encontramos el relato de una viuda que tomó tiempo para ayunar y orar. *"Y era viuda desde hacía ochenta y cuatro años, y no se apartaba del templo, sirviendo de noche y de día con ayuno y oración"* (Lucas 2:37 RV1960).

En el evangelio de Lucas encontramos el ayuno como una práctica que los judíos realizaban con frecuencia. Algunos tenían días específicos para ayunar. *"Ayuno dos veces por semana..."* (Lucas 18:12 RVR2015). No hay ningún inconveniente en ayunar dos veces por semana; el problema ocurre cuando lo hacemos con la intención de complacernos a nosotros mismos o de llamar la atención y demostrar lo espirituales que somos.

El ayuno es un ejercicio que no puede faltar en la vida espiritual de todo cristiano. Cuando ayunamos no sólo nos fortalecemos espiritualmente, sino que le manifestamos a Dios la gravedad de nuestra situación. En muchas ocasiones puede convertirse en un grito de auxilio y una puerta de escape donde sólo una intervención divina puede marcar la diferencia.

El cristiano que no ayuna se convierte en un creyente mal alimentado por falta de este ejercicio espiritual que no puede faltar en su vida. Cuando practicamos el ayuno nos fortalecemos espiritualmente y debilitamos los deseos desenfrenados de la carne en nosotros.

El cristiano debe ayunar para fortalecer su vida espiritual y de esa forma contrarrestar los ataques del enemigo, a menos que haya un impedimento físico que le impida abstenerse de comida y bebida por un período determinado.

Hay diversos tipos de ayuno con los que el cristiano pueda identificarse:

- El ayuno que los cristianos practicamos con mayor frecuencia consiste en no comer ni beber nada durante un tiempo determinado. Este fue el ayuno que practicó la reina Ester en un momento crítico de su vida en que el pueblo de Israel estaba a punto de perecer a manos de sus enemigos. *"Reúne a todos los judíos de Susa y ayunad por mí sin comer ni beber durante tres días y sus noches. Mis doncellas y yo también ayunaremos, y entonces me presentaré ante el rey, aunque sea contra la ley; y si tengo que morir por ello, moriré"* (Ester 4:16 BLP).
- Otro ayuno muy frecuente que practicamos en nuestra vida cristiana es el ayuno en el que sólo se toma agua. Muchos consideran que este es el ayuno que Jesús practicó cuando fue tentado en el desierto; *"Entonces Jesús, lleno del Espíritu Santo, volvió del Jordán y*

fue llevado por el Espíritu al desierto durante cuarenta días, y fue tentado por el diablo. No comió nada en esos días; y cuando se cumplieron, tuvo hambre"(Lucas 4:1-2 RVR2015).

- Otro ayuno muy conocido por muchos cristianos es el ayuno de Daniel. En este ayuno el cristiano se abstiene de comer ciertos alimentos como la carne y otros alimentos especiales. El propósito de este ayuno es fortalecer el cuerpo para mantenerlo en funcionamiento. No es comer por placer o para llenarse como solemos hacer cuando estamos sentados a la mesa con diversos tipos de comida. *"En aquellos días yo, Daniel, fui afligido por espacio de tres semanas. "No comí ningún alimento exquisito, ni entró carne ni vino en mi boca, ni me unté con ungüento, hasta que se cumplieron las tres semanas"(Daniel 10:2-3 RVR1960).*

- Actualmente han surgido otros tipos de ayunos en los que muchos cristianos se abstienen de la televisión y las redes sociales para consagrar ese tiempo a Dios. Aunque no hay apoyo bíblico para esto, no hay nada malo en practicarlo. El apóstol Pablo escribe y aconseja a los casados de mutuo acuerdo que se abstengan de tener relaciones sexuales para dedicarse a la oración. *"No os neguéis el uno al otro, si no es por un tiempo de mutuo acuerdo, para entregaros tranquilamente a la oración; y volved a juntaros en uno, para que no os tiente Satanás a causa de vuestra incontinencia"(1 Corintios 7:5 RV1960).*

Lo primero que debe hacer un nuevo creyente antes de realizar su primer ayuno es saber qué es el ayuno y por qué debe practicarse. Cuando se ayuna, hay que tener un propósito. Si no hay un propósito, es como si una persona saliera de casa en un coche sin destino. Todos debemos tener un propósito por el que ayunar.

Algunas razones por las que debemos ayunar:

- El ayuno fortalece nuestra oración y aumenta nuestra fe. Un creyente que no ora cuando ayuna no podrá obtener los resultados de su ayuno. En el libro de Esdras encontramos un ejemplo en el que el pueblo de Israel necesitaba la protección de Dios para volver a su tierra después de 70 años de cautiverio en Babilonia. *"Así que ayunamos y oramos fervientemente para que nuestro Dios nos cuidara, y él escuchó nuestra oración" (Esdras 8:23 -NTV).*
- Debemos ayunar para buscar la dirección de Dios en nuestras vidas. Hay momentos en la vida en que lo que hacemos no tiene sentido, y a veces, incluso, nos encontramos como un barco a la deriva sin capitán. En momentos así, debemos tomarnos un tiempo para ayudar y organizar nuestra vida espiritual. *"Entonces subieron todos los hijos de Israel y todo el pueblo, y vinieron a la casa de Dios, y lloraron y se sentaron allí delante de Yahveh, y ayunaron aquel día hasta la tarde, y sacrificaron holocaustos y ofrendas de paz delante de Yahveh" (Jueces 20:26 - JBS).*
- El ayuno es también una forma de mostrar nuestro arrepentimiento. Cuando lo que hemos hecho no ha sido correcto; pecando deliberadamente y sin medir las consecuencias de nuestras decisiones, el ayuno es una forma de mostrar a Dios cuánto lamentamos nuestros pecados. Le decimos que lo necesitamos y estamos verdaderamente arrepentidos; y queremos cambiar para estar más cerca de Él. *"Así que se reunieron en Mizpa, y en una gran ceremonia sacaron agua de un pozo y la derramaron ante el Señor. También no comieron en todo el día y confesaron que habían pecado contra el Señor. (Fue en Mizpa donde Samuel se convirtió en juez de Israel)" (1 Samuel 7:6 - RVR).*
- Para la preparación de una misión especial en el ministerio, pidiendo a Dios la victoria. *"En la iglesia de Antioquía estaban los profetas y maestros Bernabé; Simeón, apodado el Negro; Lucio de Cirene; Manaén, que se había criado con Herodes el tetrarca, y Saulo. Mientras ayunaban y participaban en el culto al Señor, el Espíritu*

Santo dijo: Apartadme ahora a Bernabé y a Saulo para la obra a la que los he llamado. Así que, después de haber ayunado y orado, y de haberles impuesto las manos, los despidieron" (Hechos 13: 1-3).

El ayuno debe convertirse en un estilo de vida donde reservamos un tiempo específico para consagrarnos a Dios absteniéndonos de comer y beber líquidos para crecer en nuestra relación con Él. Debemos ser conscientes que no podemos utilizar el ayuno para manipular a Dios, juzgar a los demás o querer mostrar más santidad que otros. *"Poniéndose de pie, el fariseo oraba consigo mismo de esta manera "Dios mío, te doy gracias porque no soy como los demás, que son ladrones, injustos y adúlteros. Ni siquiera soy como este recaudador de impuestos. Ayuno dos veces por semana y doy la décima parte de todo lo que gano" (Lucas 18: 11-12).*

Debemos tener mucho cuidado cuando queremos impresionar a Dios con nuestro ayuno. Israel no fue una excepción; pensaron que con el ayuno podrían burlar a Dios y Él pasaría por alto sus ofensas. Estas citas se centran en la justicia social. Cuando vemos que hay injusticia social y no sabemos qué hacer, podemos ayunar para que Dios traiga el arrepentimiento a nuestra sociedad y la convicción a los corazones para que cambien su forma de vivir. *"Hemos ayunado ante vosotros", dicen. ¿Por qué no te impresionamos? Hemos sido muy duros con nosotros mismos, y ni siquiera te das cuenta. "Te diré por qué", respondo. Es porque ayunan para complacerse a sí mismos. Incluso en ayunas, oprimen a sus trabajadores. ¿De qué les sirve el ayuno, si siguen con sus peleas y rencillas? Con este tipo de ayuno, nunca llegarán a nada conmigo. Se humillan a sí mismos haciendo penitencia con la fórmula pura: inclinan la cabeza como cañas en el viento, se visten con telas ásperas y se cubren de cenizas. ¿Es eso lo que llaman ayuno? ¿Realmente crees que eso complace al Señor?" (Isaías 58:3-5 NTV).*

Otra cita:

"Di a tu pueblo y a tus sacerdotes: 'Durante estos setenta años de exilio, cuando ayunaban y se vestían de luto en el verano y a principios del otoño, ¿realmente hacían los ayunos por mí? Incluso ahora, cuando comen y beben en sus fiestas sagradas, ¿no lo hacen para complacerse a sí mismos? ¿No es éste el mismo mensaje del Señor que proclamaron los profetas en años anteriores, cuando Jerusalén y las ciudades de Judá estaban llenas de gente, y el Néguev y las colinas de Judá estaban bien pobladas?" (Zacarías 7:5-7 NTV).

Hay que estar definido a la hora de ayunar para no caer en la rutina de muchos que ayunan para contender con el prójimo y no para agradar a Dios y hacer su voluntad. Esta es una pregunta que todo cristiano debe hacerse al proclamar ayuno: ¿Ayuno para complacer a Dios o para complacerme a mí mismo y a los demás?

Jesús nunca prohibió el ayuno, sino que amonestó que cuando ayunaran lo hicieran con los ojos puestos en Dios y no centrados en buscar la admiración de los hombres. Debemos tener mucho cuidado cuando ayunamos porque no debemos buscar la admiración o la aprobación de la gente.

Como cristianos, no podemos dejar de lado nuestra vida de ayuno. Ya sea que lo hagamos una vez a la semana desde la mañana hasta una hora específica, varios días a la semana o un mes. Debemos tener claro el ayuno y por qué debemos practicarlo.

Cuestionario:

1. El ayuno era una práctica común entre _____
_____
_____

2. Describe el ayuno en tus propias palabras
_____
_____
_____

3. Por qué el creyente debe estar dispuesto a practicar el ayuno?
_____
_____
_____

4. El ayuno es un ejercicio que no puede _____
_____
_____

5. Mencione los tres tipos de ayunos que encontramos en la Biblia con sus citas:
_____
_____
_____

6. ¿Cuál es el nuevo ayuno que muchos cristianos practican y no hay apoyo en la Biblia?
_____
_____
_____

7. Entre los ayunos mencionados ¿Cuál(es) has practicado? ¿por qué?
_____
_____
_____

8. Describe con tus propias palabras algunas razones por la que debemos ayunar:
_____
_____
_____

9. El ayuno debe convertirse en _____
donde reservamos _____ para consagrarnos a Dios

_____ para crecer en nuestra relación con El.

15

Diezmos

Cada cristiano, especialmente los nuevos creyentes, debe entender que la iglesia se sostiene con las contribuciones voluntarias de sus miembros. Aunque no están obligados a contribuir, hay bendiciones para los que se comprometen a dar con un corazón alegre. Este es un principio bíblico que trae bendiciones a la vida de cada creyente que obedece. La manera de hacerlo es a través de nuestros diezmos y ofrendas. Cuando llevamos nuestros diezmos y ofrendas al templo y los depositamos en el Alfolí, estamos dando a Dios, no a los hombres.

¿Qué era el Alfolí?

La palabra Alfolí proviene del árabe antiguo *"alhorí"* y del árabe hispano *"alhurí"*. Aunque no es un término muy común, el alfolí, más conocido como "granero", era el lugar donde se almacenaban grandes cantidades de granos, cereales y sal. También se utilizaban grandes cantinas, tinajas y habitaciones en las casas para almacenar. Su finalidad era proporcionar alimentos al pueblo o a las familias en tiempos de hambruna, escasez o guerra. Regularmente, la mayoría de los graneros eran de carácter público o municipal para ayudar o prestar a personas o vecinos necesitados.

"Ella respondió: "Vive el Señor, tu Dios, que no tengo pan cocido. Sólo tengo un puñado de harina en una vasija y un poco de aceite en una botella. Y he aquí que estaba recogiendo un par de troncos, para entrar a prepararlo para mí y para mi hijo, para que lo comamos y muramos" (1 Reyes 17:12 RVR2015).

"El SEÑOR enviará una bendición sobre tus graneros y sobre todo lo que tu mano emprenda. Él te bendecirá en la tierra que el SEÑOR tu Dios te da" (Deuteronomio 28:8 RVR2015).

"Entonces dijo: "¡Esto haré! Derribaré mis graneros y construiré otros más grandes. Allí recogeré todo mi grano y mis bienes" (Lucas 12:18 (RVR2015).

Cuando llevamos nuestros diezmos y ofrendas al almacén o granero; en este caso, el templo, lo que estamos haciendo es poner nuestros bienes bajo la custodia de una persona que tiene la autoridad dada por Dios para administrar esos bienes sabiamente. Muchos cristianos y no cristianos tienen el concepto que todos los diezmos van directamente al pastor. Este no es el caso. Las iglesias tienen un sistema financiero organizado para distribuir sabiamente los recursos donados. De los ingresos en diezmos y ofrendas se da un salario al pastor, se ayuda a los necesitados de la iglesia, se cubren los gastos del templo, se envían ofrendas a misioneros en otros países si la iglesia los patrocina, se construyen templos en otras ciudades o países para continuar con la expansión del evangelio, y se ayuda a otras personas que no son miembros de la iglesia.

Hablar de finanzas en la iglesia se convierte en un tema controvertido. Una gran mayoría de los miembros va con una gran expectativa de lo que puede pasar en esa reunión. No hay nada malo en saber, estar informado o recibir un informe financiero como miembro de la iglesia. El problema radica cuando llegamos a la reunión con una mentalidad predeterminada para traer confusión, contienda, enemistad y división a la iglesia.

Entre estos grupos se encuentran:

- Los que diezman y dan ofrendas y se creen dueños de todo lo que hay en el templo.
- Algunos no diezman; ofrecen migajas y quieren que su voz sea escuchada cuando hablan, pero ignoran lo que dice la Biblia respecto a los diezmos y las ofrendas.
- También hay un tercer grupo que es diferente de los dos primeros. Estos son los que diezman y ofrendan con amor porque saben lo que la Biblia dice al respecto. Su compromiso es traer sus diezmos y ofrendas como la palabra de Dios manda.

Los diezmos y las ofrendas son prácticas instituidas en la Biblia desde la antigüedad; aunque esta práctica actual no es como en el Antiguo Testamento; pues, no sólo se basaba en el dinero sino también en las ofrendas de animales, del fruto de la tierra (granos, cereales, otros). Todo cristiano debe hacer una práctica de este principio bíblico a través de sus diezmos y ofrendas. Este es un principio que trae bendición a todos los que lo practican.

¿Qué es el diezmo?

El diezmo es la décima parte de nuestros ingresos; lo que uno recibe. Si recibe cien, da diez. Esta décima parte se dedica a Dios para cubrir los gastos de la iglesia. Cuando sacamos nuestro diezmo y lo llevamos a la casa de Dios, mostramos una expresión de adoración y gratitud a nuestro creador por sus bendiciones.

Aunque esta era una práctica muy antigua realizada por pueblos no hebreos, la encontramos por primera vez en el libro del Génesis. Cuando Abraham regresaba de una gran victoria contra cuatro reyes, sacó una décima parte del botín y se la dio a Melquisedec, rey de Salem y sacerdote del Dios Altísimo. *"Cuando Abram regresaba de derrotar a Quedorlaomer y a sus reyes amigos, el rey de Sodoma salió a recibirlo en el Valle del Rey. Allí Melquisedec, que era rey de Salem y sacerdote del Dios Altísimo, sacó pan y vino, y bendijo a Abram, diciéndole: "Abram", que el Dios*

Altísimo te bendiga, creador del cielo y de la tierra. El Dios Altísimo merece todos los elogios, porque te dio la victoria sobre tus enemigos".

Abram dio inmediatamente a Melquisedec la décima parte de todo lo que había recuperado" (Génesis 14:17-20 TLA).

Abraham entendió que era la forma de agradecer y adorar a Dios por la victoria y sus bendiciones. No sabemos quién instruyó a Abraham para que diera la décima parte, pero podemos deducir que era algo que también practicaban sus antepasados. *"Abel, por su parte, eligió la más gorda de sus ovejas y la llevó a Dios como ofrenda. Dios recibió la ofrenda de Abel con gran placer" (Génesis 4:4 NASB).*

Cuando el cristiano entiende que todo lo que tiene pertenece a Dios, no le será difícil dar sus diezmos. Debemos ser un ejemplo a los nuevos creyentes; para que aprendan a dar a Dios cada vez que sean bendecidos.

Este mismo principio sirve de base en el Nuevo Testamento. No necesariamente como en el Antiguo Testamento, pero se puede ver que lo practicaban. En el evangelio de Lucas, en la parábola del fariseo y el recaudador de impuestos, encontramos la mención del diezmo. *"Ayuno dos veces por semana, doy los diezmos de todo lo que gano" (Lucas 18:12 RVA1960).*

Muchos cristianos justifican la acción de no dar diezmos; diciendo: "El Nuevo Testamento no exige diezmar". Comentarios como este han sido un virus que ha contaminado a muchos en la iglesia. Si los miembros y los nuevos creyentes no son educados acerca de los diezmos y las ofrendas, esto podría convertirse en algo colectivo en la iglesia y cerraría las ventanas de los cielos para que no lleguen las bendiciones.

Una de las razones por las que el diezmo no se menciona tan a menudo en el Nuevo Testamento como en el Antiguo es porque los judíos tenían el diezmo como una práctica de vida y no era necesario mencionarlo; era parte de su culto a Dios. Por lo tanto, esta antigua práctica judía continúa en la comunidad cristiana.

La exigencia del diezmo comenzó con el sistema mosaico, cuando Dios exigió al pueblo de Israel la décima parte de todo lo que recibía.

Aunque no encontramos castigos directamente para las personas que no diezman, en la Biblia encontramos promesas de bendición para los que diezman. En Malaquías Dios sólo exige el diez por ciento y nos permite quedarnos con el noventa por ciento de todo *(Malaquías 3:10)*.

Entre los mandamientos dados al pueblo por Moisés estaba el diezmar. Cuando ponemos por practica los mandamientos, todas las bendiciones de Dios vendrán sobre nosotros, y nos alcanzarán" (Deuteronomio 28:1-13).

Los levitas era la tribu asignada y encargada de recibir los diezmos y ofrendas del pueblo de Israel. Además, se mantenían de las ofrendas y diezmos que el pueblo llevaba al templo; y debían ofrecer el diez por ciento en sacrificio a Dios; daban el diezmo de los diezmos a Dios. Por lo tanto, ellos no eran la excepción a la hora de diezmar.

Hoy en día no tenemos que sacrificar animales como hacía el pueblo de Israel en el Antiguo Testamento. Ahora bien, cuando traemos nuestros diezmos al templo, debemos estar seguros de presentarlos con amor y gratitud a Dios por sus abundantes bendiciones.

En el libro de Malaquías encontramos algunos versos bíblicos que todavía nos confrontan en la actualidad *(Malaquías 3: 6-12 RVR1960)*:

6 Porque yo Jehová no cambio; por esto, hijos de Jacob, no habéis sido consumidos.

7 Desde los días de vuestros padres os habéis apartado de mis leyes, y no las guardasteis. Volveos a mí, y yo me volveré a vosotros, ha dicho Jehová de los ejércitos. Mas dijisteis: ¿En qué hemos de volvernos?

8 ¿Robará el hombre a Dios? Pues vosotros me habéis robado. Y dijisteis: ¿En qué te hemos robado? En vuestros diezmos y ofrendas.

9 Malditos sois con maldición, porque vosotros, la nación toda, me habéis robado.

10 Traed todos los diezmos al alfolí y haya alimento en mi casa; y probadme ahora en esto, dice Jehová de los ejércitos, si no os abriré las ventanas de los cielos, y derramaré sobre vosotros bendición hasta que sobreabunde.

11 *Reprenderé también por vosotros al devorador, y no os destruirá el fruto de la tierra, ni vuestra vid en el campo será estéril, dice Jehová de los ejércitos.*

12 *Y todas las naciones os dirán bienaventurados; porque seréis tierra deseable, dice Jehová de los ejércitos.*

Esta es una de las razones por las que Dios no responde la oración de muchos cristianos. En lugar de recibir bendiciones; por el contrario, ven que todo lo recibido se va más rápido y aún se preguntan: "¿Qué pasa en mi vida que no salgo de deudas y mis ingresos no aumentan?" Hay que tener en cuenta que una cosa es ser un mal administrador y otra cosa es que todo lo que tu recibas se te vaya de las manos de una u otra manera sin saber cómo. Todo esto es porque estamos robando a Dios.

El primer compromiso es el diezmo

En nuestra lista de presupuesto, el diezmo tiene que estar en la primera línea, no en la última como si fuera algo menos importante. No podemos dejarlo en último lugar porque puede ocurrir que después de pagar nuestras deudas, no nos quede suficiente dinero para nuestros diezmos. Esto nos puede llevar al nivel de posponer los diezmos para otro momento como una forma de darlo la próxima vez cuando tenga todo completo. Puede que ese día nunca llegue porque siempre habrán necesidades que no nos permitirán diezmar.

La iglesia local es el lugar al que debe ir nuestro diezmo

Tampoco podemos usar la excusa de enviar nuestro diezmo a otros ministerios como hacen muchos cristianos. Prefieren enviarlos a otros ministerios que bendecir su iglesia local. Nuestros diezmos deben ir a la iglesia local donde nos congregamos y nos alimentamos espiritualmente. Ese es nuestro compromiso principal, no un ministerio del que no tenemos mucha información. Esto no quiere decir que estemos en contra de ayudar a otros ministerios fuera de nuestra iglesia local. Es todo lo contrario, con nuestros diezmos la iglesia local también ayuda a otros ministerios en la expansión del evangelio. Cuando se trata de nuestro diezmo, debemos estar bien con Dios si queremos ser bendecidos. Así como Dios se lo exigió al pueblo de Israel, también nos lo exige a nosotros. No podemos gastar o dejar de diezmar sólo porque no estamos de acuerdo con el pastor por una decisión que se ha tomado en la iglesia. Eso nos convierte en ladrones de lo que pertenece a Dios. Es entonces cuando nuestro problema no es con el pastor o los líderes; nuestro problema es con Dios y tendremos que enfrentar las consecuencias de nuestras decisiones.

En Malaquías 3:6, Jehová se refiere al pueblo como "hijos de Jacob". Cuando buscamos el nombre Jacob significa "conspirador, engañador, estafador, suplantador". La razón por la que el pueblo no había sido consumido es porque Jehová nunca cambia y siempre permanece fiel a sus promesas. Aunque el pueblo de Israel ni nosotros hemos permanecido fieles, Dios ha permanecido fiel. El no cambia. Sus promesas son para siempre.

El versículo 7 del mismo capítulo 3, Malaquías nos señala que Israel tenía nuevas generaciones que todavía no habían cambiado su vieja manera de vivir. Por el contrario, se alejaban cada vez más de Dios y justificaban sus acciones.

Podemos ver esto después que el pueblo entró en la tierra prometida. Todos los que habían visto las maravillas de Dios en el desierto habían muerto: *"Y toda aquella generación se juntó con sus padres. Y se levantó otra generación después de ellos, que no conoció a Jehová, ni la obra que había hecho por Israel" (Jueces 2:10 RV1960).*

Si continuamos con el versículo 8 vemos que cuando nos quedamos con el diezmo, que es la décima parte que le pertenece a Dios, nos convertimos en ladrones. En otras palabras, nos quedamos con algo que no nos pertenece, prohibiendo a la otra persona (dueño) quedarse con algo que le pertenece.

En el Nuevo Testamento, tenemos un ejemplo que terminó trágicamente. Debemos tener mucho cuidado con querer engañar a Dios. No cometamos el mismo error porque nos puede costar muy caro. Este fue el caso de Ananías y Safira:

"Pero cierto hombre llamado Ananías, con Safira su mujer, vendió una heredad, ²y sustrajo del precio, sabiéndolo también su mujer; y trayendo sólo una parte, la puso a los pies de los apóstoles. ³Y dijo Pedro: Ananías, ¿por qué llenó Satanás tu corazón para que mintieses al Espíritu Santo, y sustrajeses del precio de la heredad? ⁴Reteniéndola, ¿no se te quedaba a ti? y vendida, ¿no estaba en tu poder? ¿Por qué pusiste esto en tu corazón? No has mentido a los hombres, sino a Dios. ⁵Al oír Ananías estas palabras, cayó y expiró. Y vino un gran temor sobre todos los que lo oyeron. ⁶Y levantándose los jóvenes, lo envolvieron, y sacándolo, lo sepultaron. ⁷Pasado un lapso como de tres horas, sucedió que entró su mujer, no sabiendo lo que había acontecido. ⁸Entonces Pedro le dijo: Dime, ¿vendisteis en tanto la heredad? Y ella dijo: Sí, en tanto. ⁹Y Pedro le dijo: ¿Por qué convinisteis en tentar al Espíritu del Señor? He aquí a la puerta los pies de los que han sepultado a tu marido, y te sacarán a ti. ¹⁰Al instante ella cayó a los pies de él, y expiró; y cuando entraron los jóvenes, la hallaron muerta; y la sacaron, y la sepultaron junto a su marido. ¹¹Y vino gran temor sobre toda la iglesia, y sobre todos los que oyeron estas cosas." (Hechos 5:1-11 RVR1960).

En el Antiguo Testamento, el diez por ciento pertenecía a los levitas por su servicio: *"Y he aquí que he dado a los hijos de Leví todos los diezmos en Israel como herencia, para su servicio, porque ellos sirven en el servicio del tabernáculo de reunión.*

Porque a los levitas les he dado en herencia los diezmos de los hijos de Israel, que ofrecerán al SEÑOR como ofrenda; por eso les he dicho: Entre los hijos de Israel no tendrán herencia" (Núm. 18: 21, 24 RVR1977).

Un caso de desobediencia lo encontramos en la conquista de la Tierra Prometida cuando Acán tomó del botín y lo escondio; donde ya se habían dado instrucciones al pueblo de no tomar nada del pueblo (Josué 7:1-26). Por la desobediencia de uno, muchos acaban pagando las consecuencias y Dios no tuvo más remedio que retener sus bendiciones y castigar al pueblo hasta que confesaran sus pecados y se arrepintieran de sus maldades.

Cuando la congregación entra en desobediencia y no trae sus diezmos al altar, esto hace que los que están trabajando en el ministerio descuiden su vocación y se sientan tentados a hacer algo ilícito o a salir a buscar otras fuentes de ingresos para mantenerse a sí mismos y a sus familias. Aunque todos los miembros de la congregación no participen en dar sus diezmos, sigue siendo un robo, un pecado, una maldición colectiva. Como dice el refrán: "Una manzana podrida puede dañar al resto". Lo mismo puede ocurrir en la iglesia, donde un miembro puede influir en otros para no dar sus diezmos, ya sea directa o indirectamente. La realidad es que muchas congregaciones se ven afectadas y entran en crisis porque una gran parte de sus miembros no aportan con sus diezmos para que sea sostenible y se mantenga creciendo.

La palabra "Robo" en el hebreo original que se usa en Malaquías 3:8 y 9:

ב ע ק > palabra transliterada> *qâba*> Ortografía fonética> ***kaw-bah.***

- Cubrir, esconder (en sentido figurado).
- Ocultar o cubrir algo bajo una túnica o vestido para que no se vea.
- Tener un lugar específico para guardar las prendas.
- Defraudar: robar, privar a alguien de algo.

Sólo en Malaquías y Proverbios se utiliza esta palabra:

- *"Porque Jehová juzgará la causa de ellos, Y despojará (ק ע ב - qâba) el alma de los que los despojan (ק ע ב - qâba)" (Proverbios 22:23 RVR1960).*

No es la misma palabra utilizada en Éxodo 20:15; Levítico 19:11:

- "No robarás" (גָּנַב - gānaḇ) (Éxodo 20:15 RVR1977).
- "No robaréis (גָּנַב - gānaḇ), y no engañaréis ni mentiréis unos a otros" (Levítico 19:11 RVR1977).

El octavo mandamiento (*Éxodo 20:15*) prohíbe robar (gānab) al prójimo o robar un objeto. Originalmente este mandamiento estaba dirigido únicamente contra el secuestro, que era una práctica común entre los pueblos paganos. Algunos teólogos consideran que el octavo mandamiento también estuvo relacionado fuertemente con el décimo mandamiento; aunque no hay bases suficientes para sostener este argumento. *"No codicies la casa de tu prójimo: No codicies su esposa, ni su esclavo, ni su esclava, ni su buey, ni su burro, ni nada que le pertenezca" (Éxodo 20:17 NVI).*

El octavo y el décimo mandamiento reconocen que todas las cosas le pertenecen al Señor. Tanto las que están en el cielo como las que están en la tierra. Así lo afirman el Salmo 24:1 y 115:16.

"La tierra es del Señor y todo lo que hay en ella; el mundo y todos sus habitantes le pertenecen" (Salmo 24:1 NTV).

"Los cielos pertenecen al Señor, pero él ha dado la tierra a toda la humanidad" (Salmo 115:16 NBV).

Solo Dios puede dar o quitar *"...Jehová dio, y Jehová quitó; sea el nombre de Jehová bendito (Job 1:21 RVR1960).* Por esta razón ningún ser humano puede robar, usurpar, esclavizar o poseer los derechos de propiedad de otro ser humano que no han sido dado.

Un esclavo es propiedad de su señor y todo lo que necesita se lo tiene que pedir. El pueblo de Israel había robado a Dios como un esclavo que ha robado a su señor; luego cuando es confrontado no admite haber robado ni hecho nada malo. Es aquí donde viene la confrontación de Dios con la nación. Esto es algo que había sucedido no sólo en una parte de la nación sino en toda la nación.

¿Se atrevería un hombre robar a Dios, el creador de los cielos y la tierra?

¿Cómo puede ser eso? Sí, ¡a Dios no se le burla ni se le engaña!

Al pueblo de Israel no se le acusó de ser tacaño o de tener poco amor por el templo, se le acusó de algo grave, y es de robar a Dios. Estas acusaciones trajeron una maldición. El versículo 9 dice: "Maldito seas con una maldición."

Este robo se convirtió en algo colectivo, por eso Dio tuvo que condenar a toda la nación.

Siguiendo el capítulo 3 del libro de Malaquías, en el versículo 9 notamos que Dios tenía un acuerdo con el pueblo de Israel y era traer los diezmos y las ofrendas al templo. Al traerlo, esto permitiría que los sacerdotes y los levitas que estaban a cargo de la ministración tuvieran todo lo necesario para mantenerse y para el cuidado del templo. Cuando el pueblo traía su diezmo y lo entregaba a los levitas, todo quedaba consagrado a Jehová. *"Y el diezmo de la tierra, tanto de la semilla de la tierra como del fruto de los árboles, es de Jehová; está dedicado a Jehová. Y si alguno quiere rescatar algo del diezmo, añadirá por ello la quinta parte de su precio. Y todo diezmo de vacas o de ovejas, de todo lo que pase bajo la vara, el diezmo será consagrado a Jehová. No mirará si es bueno o malo, ni lo cambiará; y si lo cambia, tanto el animal cambiado como su sustituto serán cosas santas; no podrán ser redimidos"* (Levítico 27:30-33 RVR1977).

V.9 – Nación> Palabra hebrea> "Gôy": Gentiles, paganos, nación. Nación que no es judía; se refiere a personas que no son descendientes de Abraham. Este término se refiere al pueblo de Israel comparándolo con las naciones paganas que robaban las ofrendas y los diezmos ofrecidos a sus dioses. La nación de Israel había actuado como las naciones paganas.

Si no cumplen con Dios, esto hace que se cumplan sobre ellos las maldiciones mencionadas en Deuteronomio 28:15-68.

Cuando robamos a Dios, no sólo le mostramos un acto inmoral; también enviamos un mensaje de desprecio a Él y a la iglesia. Al ocultar o retener lo que pertenece a Dios, nos consideramos ladrones. Nos vestimos con la apariencia de piedad y luego exigimos que Dios nos bendiga, pero por detrás, nos quedamos con la parte que hemos acordado con Él. Dios nos permite quedarnos con el noventa por ciento y darle sólo el diez por ciento. Cuando robamos, retenemos algo que no tenemos derecho a poseer porque no es nuestro. Dios se toma esto muy en serio; para acabar con la enfermedad debemos tener la medicina necesaria.

¿Qué podemos aprender de todo esto?

Dios siempre estará dispuesto a bendecirnos; solo tenemos que hacer la parte que nos corresponde. Dar nuestros diezmos.

La protección de Dios estará sobre nosotros y nuestros seres queridos. Cuando retenemos nuestros diezmos y ofrendas no sólo detenemos el ministerio; también el cuidado de los huérfanos, las viudas, los necesitados, las construcciones de templos en otros lugares, la evangelización, y un sin número de trabajos en el ministerio.

Justificar nuestros pecados ante Dios es burlarse de Él en su cara. Dios no puede ser burlado y las consecuencias de nuestros actos se harán públicas.

La Biblia promete bendiciones a todos los que traen sus diezmos a la casa de Dios.

Nuestro compromiso es con Dios, no con la gente. Si por alguna razón hemos cometido este pecado contra Dios, la única salida es arrepentirnos y hacer lo correcto; traer nuestros diezmos al templo para que el ministerio en el altar continúe, y el pan sea abundante en la casa de Dios. El templo funciona como nuestro granero espiritual. Traemos nuestros diezmos y ofrendas para que haya abundancia en la casa de Dios y en nuestra propia casa.

Dios nos manda a probarlo en esto y veamos cuanto nos bendecirá. Habrá por encima de los límites de nuestras expectativas. Las bendiciones de Dios son abundantes y sin límites, lo único que puede detener esa bendición será la falta de amor a Dios cuando retenemos nuestros diezmos y ofrendas.

A menudo citamos versículos bíblicos; pero no lo creemos de corazón:

- *"De Jehová es la tierra y su plenitud; El mundo, y los que en él habitan" (Salmo 24:1).*
- *"Mía es la plata, y mío es el oro, dice Jehová de los ejércitos" (Hageo 2:8).*

La Biblia confirma una vez más que Dios es el dueño de todo, en Él no hay escasez, sino abundancia. Somos sus hijos lavados por la Sangre de Jesucristo, y coherederos con Cristo *(Romanos 8:17)*. El mismo apóstol Juan dijo: *"Deseo que prosperéis en todo..." (3 Juan 1:2)*. Dios desea que la iglesia sea prosperada porque en su prosperidad y abundancia habrá suficiente para ayudar a los necesitados y seguir proclamando el evangelio. Cuando la iglesia prospera espiritual y físicamente se pueden dedicar más fondos para el crecimiento de la iglesia. También, esto hará que los pastores tengan más tiempo para el ministerio sin la preocupación de tener que salir a buscar un trabajo para mantener su familia y ayudar la iglesia financieramente.

El pastor, junto con los líderes y el cuerpo de finanzas, deben administrar sabiamente; no sea que Satanás encuentre una oportunidad para traer división y contienda en la iglesia. Esto podría causar que la iglesia entre en una crisis financiera donde los miembros traten de retener sus diezmos para no apoyar el ministerio. Debemos tener un equilibrio con el dinero para evitar convertirnos en una iglesia materialista que pierda el enfoque de la visión y la misión donde se ponga el dinero en primer lugar y a Dios en segundo lugar.

Diezmar y dar son principios bíblicos que tienen promesas para los que son fieles.

Según las estadísticas, sólo el 20% de los miembros diezman. Las familias americanas gastan un promedio de dos millones en pagos de intereses por año. La iglesia no es una excepción, si se nos enseñara a vivir sin deudas, nuestras contribuciones al servicio de Dios serían mayores. La forma en que manejamos nuestras finanzas es una nuestra de desorganización y administración espiritual. Debemos administrar sabiamente los recursos que Dios pone a nuestra disposición.

Cuando reflexionamos en la gran cantidad de dinero que recibimos cada año, nos daremos cuenta de que Dios siempre nos ha bendecido, lo que ha pasado es que lo hemos administrado mal y nos hemos metido en deudas que nos ahogan y esto hace que no podamos ver la provisión de Dios.

Las bendiciones de Dios atraen más bendiciones; la maldición también. Pero, todavía tenemos tiempo para romper cada maldición que hemos traído a nuestras vidas por la desobediencia.

ORACIÓN:

Señor, perdóname por haber sido un mal administrador de los bienes que me has dado. Acepto que no he sido un buen administrador. A partir de ahora me comprometo a ser un mejor administrador de ellos. A vivir una vida económicamente estable para bendecir mi iglesia local y a ayudar a los necesitados. Te lo pido en el nombre de Jesús, amén.

Cuestionario:

1. ¿Qué era el alfolí y de donde proviene esa palabra?
_____

2. Cuando llevamos nuestros _____
al almacén o granero; en este caso, el templo, lo que estamos haciendo es
_____
que tiene la autoridad dada por Dios para _____
_____

3. ¿Qué es el diezmo?
_____
_____
_____

4. Mencione una de las razones por la que no se menciona el diezmo en el Nuevo Testamento.
_____
_____
_____

5. ¿Qué lugar debería ocupar el diezmo en nuestra lista de presupuestos semanales o mensuales?
_____
_____
_____

6. En algunas ocasiones te has sentido tentado a no dar tus diezmos porque no has estado de acuerdo con el pastor o los lideres de la iglesia? Explique:
_____
_____
_____

7. Son tus diezmos una prioridad y qué lugar ocupa en tu lista de presupuesto?
_____
_____
_____

8. ¿Qué pudiera suceder cuando la congregación entra en desobediencia y no trae sus diezmos al altar?
_____
_____
_____

9. ¿Cuál es la palabra hebrea para referirse a nación gentil, paganos?
_____
_____
_____

10. ¿Cuál es la promesa de Dios a todos los que traen sus diezmos al alfolí o casa de Dios?

11. ¿Qué has aprendido acerca de los diezmos en este tópico?

16

Ofrendas

Una ofrenda es una contribución voluntaria dedicada a Dios en agradecimiento por sus bendiciones. En la antigüedad la ofrenda no se limitaba a dinero en efectivo solamente, también podía ser los frutos del campo y ganado para agradecer a Dios por sus bendiciones.

Al igual que en la antigüedad, lo primero que debe tener un creyente en el momento de dar es tener un corazón agradecido y una voluntad dispuesta; pensar en lo que tiene en ese momento, no en lo que no tiene. Porque si primero hay voluntad, se aceptará según lo que se tiene, no según lo que no se tiene. Tu actitud al dar o ayudar al prójimo no debe limitarse a tu necesidad o la del prójimo; siembra sin centrarte en las circunstancias; y no lo hagas por obligación.

Todo cristiano debe aprender a dar de buena gana y con gratitud a Dios por sus bendiciones y por darnos el privilegio de dar para el crecimiento del evangelio.

En el Nuevo Testamento, encontramos la ofrenda que se levantó para abastecer a los santos en Jerusalén *(2 Corintios 8-9)*. Esta ofrenda voluntaria era una forma de mostrar su amor a Dios y a la obra.

Cuando ofrendamos debemos hacerlo con un corazón agradecido. Dios no aceptará una ofrenda que no venga con gratitud, Él sabe lo que hay en nuestros corazones, y quién mejor que Él para bendecirnos.

¿Cuál debe ser nuestra actitud cuando damos

La actitud que asumimos en el momento de ofrendar muestra nuestra disposición de ánimo de alguna manera. Debemos agradecer a Dios por todo lo que nos da. Recordemos que Él no puede ser engañado ni burlado.

No podemos presentar una sonrisa en nuestro rostro y en nuestro corazón estar tristes.

El apóstol Pablo usa la iglesia de Macedonia como un ejemplo de animar a la iglesia en Corinto *(2 Corintios 8)*. Para ayudar al prójimo no podemos estar limitados a nuestras necesidades. Da el que quiere, no el que puede. De lo contrario, la gran mayoría no lo haría.

La iglesia en Macedonia fue plantada en el segundo viaje misionero del apóstol Pablo. *"A Pablo se le apareció una visión de noche: un hombre de Macedonia estaba de pie y le rogaba, diciendo: "Pasa a Macedonia y ayúdanos". Al ver la visión, nos pusimos inmediatamente en camino hacia Macedonia, sabiendo que Dios nos llamaba a predicarles el evangelio (. Hechos 16:9-10 RVR1960).*

Macedonia se convirtió en un imperio bajo el reinado de Filipo II "el Macedonio". Su conquista logró establecer la supremacía sobre casi toda Grecia hasta su asesinato en el 336 a.C. Su hijo Alejandro Magno continuó la conquista de la extensión imperial desde el Nilo en el sur hasta Macedonia en el norte, y hasta la India en el este, hasta que murió en el 323 a.C.

En la época del apóstol Pablo, los macedonios atravesaban una grave crisis económica. La provincia de Macedonia, más conocida como los bárbaros del norte, estaba situada en la parte norte de la península de Acaya. Debido a las constantes guerras contra el Imperio Romano, el vandalismo, los robos y la corrupción, la provincia no disponía de los mismos recursos que Corinto, que era la capital de Acaya y por su ubicación era la única conexión terrestre entre Grecia y el norte. Además, sus puertos la habían convertido en una próspera ciudad comercial.

Los corintios y los macedonios eran dos provincias que tenían una larga historia política de rivalidad. El apóstol Pablo se refiere a los macedonios: *"que en la gran prueba de la tribulación... abundaron en riquezas de su generosidad" (2 Corintios 8:2 RVR1960).*

El apóstol Pablo se dirige a los corintios, pero no para traer rivalidad o celos entre los cristianos de ambas provincias sino motivarlos en su ofrenda para ayudar a los necesitados de Jerusalén; pues, ambas iglesias habían sido fundadas por el mismo apóstol y no era su intención traer división o rivalidad entre ellas.

Los macedonios se encontraban en una situación económica difícil. El versículo 2 nos dice que estaban en *"profunda pobreza".* Los problemas, los conflictos internos y las guerras en la provincia habían llevado a una situación de extrema pobreza.

Debido a la situación económica y a la hambruna en Jerusalén, Pablo se movió a recaudar una ofrenda para ayudar a los habitantes de Jerusalén, que también estaban pasando por una situación difícil. Cuando los macedonios se enteraron de la ofrenda, aunque no estaban obligados, le rogaron a Pablo que les concediera el privilegio de participar en el servicio a los santos. *"pidiéndonos con mucho ruego que les concediéramos el privilegio de participar en este servicio para los santos" (2 Corintios 8:4 RVR1960).*

Pablo motiva a los corintios *"así como abundáis en todo, en la fe, en la palabra, en el conocimiento, en toda diligencia y en vuestro amor hacia nosotros, abundad también en esta gracia" (2 Corintios 8:7 RVR1960).*

Un verso clave: *"Cada uno dé como propuso en su corazón: no con tristeza, ni por necesidad, porque Dios ama al dador alegre" (2 Corintios 9:7 RVR1960).* Te animo a leer 2 Corintios 9:6-15.

Cuando llega el momento de dar en la iglesia, debemos estar siempre alegres. Como hijos de Dios debemos aprender a dar libremente. No podemos dejar que la situación financiera sea la excusa que presentemos a la hora de adorar a Dios a través de nuestras ofrendas. Los macedonios sabían que la situación que atravesaban era de extrema pobreza y tenían la mejor excusa para no ayudar a sus hermanos de Jerusalén. Pero, ni siquiera esa situación fue suficiente para impedirles participar en la ofrenda.

Al igual que los macedonios, debemos entender que nuestra ofrenda no es una forma de pagar a Dios por el gran sacrificio que hizo en la Cruz del Calvario o por todas las bendiciones que nos ha dado. Debemos ver esta oportunidad para bendecir el ministerio y que de esta manera el evangelio siga extendiéndose en nuestra comunidad y en otros lugares. Si sembramos con mezquindad, también cosecharemos con mezquindad *(v.6)*. Pero, si sembramos abundante y libremente dejando a un lado nuestras necesidades, Dios nos compensará abundantemente.

Nuestras ofrendas deben ser dadas de acuerdo con lo que hemos propuesto en nuestros corazones *(v.7)*; no porque haya una necesidad, ni porque nos sintamos obligados a dar; ni por el qué dirán los demás si no damos. Algo que debemos aprender de los macedonios es que vieron la necesidad como una oportunidad para bendecir a los cristianos de Jerusalén. No podemos estar sujetados a la circunstancia, aunque en nuestro corazón esté el deseo de dar. Como creyentes lavados por la Sangre de Jesucristo, debemos aprender de los macedonios; ver cada necesidad como una oportunidad para bendecir a nuestra iglesia y la gente que nos rodea.

Una de las razones por las que Dios ama al dador alegre es porque a la hora de dar siempre está dispuesto con un corazón alegre para bendecir a los demás, y, sobre todo, agradecido por la salvación de su alma. Este dador lo hace porque en su actitud se muestran sus acciones.

Dios es dueño de todo lo que existe, y bendice cuando tiene que bendecir. No hay poder en el cielo, en la tierra o bajo la tierra que iguale su poder. Por lo tanto, Él es todopoderoso y siempre puede hacer que haya abundantes bendiciones en tu hogar, en tu negocio y en todo lo que hagas para prosperar, de modo que siempre haya suficiente para bendecir a otros *(v. 8)*. El cristiano que da con alegría recibirá la bendición de Dios sin medida para abundar en *"toda buena obra"*.

Un gran error que cometemos muchos cristianos es pedir a Dios que nos bendiga sin tener una causa justificada de por qué queremos que nos bendiga. Según la epístola de *(Santiago 4:3)*, no recibimos porque pedimos mal para gastarlo en nuestros deleites; es decir, la lujuria, los deseos de la carne. No pedimos según la voluntad de Dios, sino según nuestra propia voluntad. La voluntad de Dios debe cumplirse en la tierra como se cumple en el cielo. Esto sólo va a suceder a través de sus hijos aquí en la tierra. Tenemos que decirle al Espíritu Santo que nos enseñe a pedir según la voluntad de Dios para suplir a los necesitados y hacer que el reino de los cielos se expanda aquí en la tierra. En el Antiguo Testamento, Jehová ordenó al pueblo de Israel que, cuando cosechara sus frutos, no lo recogiera todo, sino que dejara algo para el pobre y el extranjero *(Levítico 19:9-10)*. Dios es el que bendice y cuando lo hace es para nosotros también bendigamos a los pobres y a los necesitados. Una persona generosa siempre buscará la oportunidad de dar. Cuando ven o saben que hay una necesidad de dar o ayudar a alguien, lo ven como una puerta abierta para bendecir a su prójimo.

Tu actitud hará que siempre tengas abundancia no sólo para tus necesidades sino también para ayudar a las personas que están pasando por alguna necesidad, pero cuando nos centramos en la situación, limitamos la bendición en nuestras vidas. El sabio Salomón escribió: *"El que observa el viento no sembrará, y el que mira las nubes no cosechará"* (Eclesiastés 11:4 RV1960). Cuando observamos, miramos con mucha atención para adquirir algún conocimiento al respecto. Cuando miramos dirigimos nuestra vista a un objeto, centrándonos en algo en particular. No podemos mirar nuestras necesidades porque, de lo contrario, la mayoría de las veces tendremos una excusa para no dar. ¿Cómo es que a veces no tenemos dinero para dar o ayudar a los necesitados, pero sí para gastar en cosas menos importantes?

Nuestra actitud al dar y ayudar a otros hará que Dios nos siga bendiciendo con más abundancia para seguir bendiciendo a otras personas. Tu actitud sobrepasará los límites al nivel que la gente glorificará a Dios y orará para que Dios te siga bendiciendo. Tu ofrenda abastece a las personas que están en necesidad. Cuando nuestra ofrenda va a los necesitados, hace que muchas personas profesen a Jesús como su salvador.

Todo esto comienza con una actitud de gratitud en el momento de dar. Cuando damos, no todo se queda en las iglesias, también va al campo misionero donde hay hermanos en la fe que están trabajando en misiones, escuelas de extensión para niños, personas necesitadas, organizaciones cristianas que trabajan en cárceles, hospitales y un sinnúmero de lugares. No olvides que cuando das, le estás dando a Dios, no a los hombres porque Él es quien te bendice y suple para tus necesidades y para bendecir a otros.

En resumen, un principio que podemos aprender de todo esto es no dejar las circunstancias que nos rodean limiten nuestra bendición. Dios proveerá todo lo que necesitamos en abundancia para que podamos bendecir a otros. Otros agradecerán a Dios por nuestra ofrenda. *"Al que tiene más se le dará más"* (Mateo 25:29; 13:12; Marcos 4:25).

ORACIÓN:

Señor, perdóname por haber sido un mal administrador de los bienes que me has dado. Acepto que no he sido un buen administrador. A partir de ahora me comprometo a ser un mejor administrador de ellos. A vivir una vida económicamente estable para bendecir mi iglesia local y a ayudar a los necesitados. Te lo pido en el nombre de Jesús, amén.

Cuestionario:

1. ¿Qué es una ofrenda?

_____

_____

_____

2. ¿Cómo debe aprender a dar todo cristiano?

3. La actitud que asumimos en el momento de ofrendar _____
_____
_____

4. Es la ofrenda parte de la adoración a Dios? _____
Explique:
_____
_____

5. ¿Por qué el ofrendar no es una manera de pagar a Dios? Explique:
_____
_____
_____

6. Como hijos de Dios, debemos aprender a dar _____.

7. ¿Por qué Dios ama al dador alegre?
_____
_____
_____

8. Cuando Dios te bendice ¿Con que propósito lo hace?
_____
_____
_____

9. Mencione alguna experiencia en el cual haya dado con liberalidad para ayudar a los necesitados y que dice la Biblia acerca de dar los necesitados:

17

Evangelismo

El gran mandato de Jesús dado a sus discípulos hace más de dos mil años fue *"... id y haced discípulos a todas las naciones..." (Mateo 28:19)*.

Este mandato sigue siendo válido hoy en día. No ha cambiado en absoluto. Podemos decir que los tiempos han cambiado, ya que hoy en día vivimos en la era digital donde tenemos a nuestra disposición medios de transportes más rápido y eficaces en comparación con los tiempos de Jesús, los discípulos y los primeros padres de la iglesia. Todos ellos cumplieron la misión que se les encomendó. Muchos de ellos dejaron su zona de comodidad para darlo todo por el evangelio.

El evangelismo es algo que no puede faltar o pasarse por alto en una iglesia. Si somos cristianos hoy es porque después de Jesús muchas personas estuvieron dispuestas a dar su vida para que el evangelio pudiera llegar a nosotros. Los discípulos creyeron en el mensaje de Jesús*: "Yo soy el camino, la verdad y la vida; nadie viene al Padre, sino por mí" (Juan 14:6)*. Los discípulos predicaron ese mensaje: *"... que a este Jesús al que habéis crucificado, Dios le ha hecho Señor y Cristo" (Hechos 2:36)*.

El Evangelio de Lucas nos cuenta la historia de Zaqueo, el jefe de los recaudadores de impuestos, que quería conocer a Jesús: *"Entonces Jesús le dijo: "Hoy ha llegado la salvación a esta casa, porque también este hombre es descendiente de Abraham. En efecto, el Hijo del Hombre ha venido a buscar y a salvar lo que estaba perdido" (Lucas 19:2-10 BLP).*

Estar perdido

¿Qué significa estar 'perdido' según la Biblia? La palabra griega es '*apollymi*' (ἀπόλλυμι) que significa 'perdido', viene del original 'destruir' (quitar de en medio completamente, abolir, poner en ruinas, inutilizar, matar, declarar que uno debe ser condenado a muerte); dedicarse o entregarse a la miseria eterna en el infierno. Perecer, perderse, arruinarse, ser destruido.

La humanidad estaba perdida y sin esperanza de redención. Todo estaba completamente perdido antes que Jesús viniera a salvarnos. Con nuestras propias fuerzas o capacidades no podíamos salvarnos, liberarnos del pecado o de la ruina eterna del infierno. Se nos negó a salir del camino que no servía para nada. Sólo para la destrucción y la condenación eterna. Hasta que Jesús vino con buenas noticias y nos dio la esperanza de que no todo estaba perdido; y nos ofreció un camino que nos llevaría a la vida eterna.

Después que una persona acepta a Jesús como su Salvador personal, la iglesia debe prepararla para evangelizar a otros también. Esto puede comenzar compartiendo su testimonio con otros, incluyendo a sus familiares y amigos. No hay nada más poderoso que un creyente compartiendo su testimonio después de haber aceptado a Jesús en su vida. El evangelismo es la herramienta más poderosa que tenemos para compartir el amor de Dios mostrado en Jesucristo al morir por nuestros pecados. Incluso cuando no lo merecíamos, Él estuvo dispuesto a morir por nosotros. ¡Qué maravilloso amor se mostró en la Cruz del Calvario por la humanidad!

Una forma sencilla de describir el evangelismo es cuando una persona ha puesto su fe y confianza en Jesucristo sabiendo que sólo en Él hay salvación. Va y anuncia esa buena noticia de salvación a una persona que no es salva; es decir, a una persona que todavía no ha aceptado a Cristo como su salvador, entendiendo que sólo Él puede librarla de la ira de Dios y de la condenación eterna que tendrá lugar en el juicio final. El evangelio de Juan nos dice: "El *que cree en él no es condenado; pero el que no cree ya está condenado, porque no ha creído en el nombre del Hijo unigénito de Dios" (Juan 3:18)*. El evangelismo es la comunicación de las buenas noticias de la salvación de una persona salvada a una persona no salva.

En la actualidad muchos cristianos han confundido el evangelismo con las responsabilidades y los cargos dentro de la iglesia, creando así un conformismo en el que muchos piensan que no tienen que evangelizar.

Hay que educar a los miembros de la iglesia. El evangelismo no se basa en un puesto de responsabilidad. La gran mayoría de ellos pasarán sus años esperando que haya otras oportunidades dentro de la iglesia para querer formar parte y sentirse involucrados en un ministerio.

Cuando una persona forma parte de un ministerio en la iglesia, esto no representa un evangelismo bíblico. También debemos tener en cuenta que cuando hablamos a otros sobre el evangelismo, no podemos pensar o decir que estamos haciendo un evangelismo efectivo. En la Biblia encontramos la manera efectiva de cómo los discípulos evangelizaron. Felipe bajó a la ciudad de Samaria, predicó allí, y un gran número de personas recibieron el evangelio de salvación. También este mismo Felipe conoció y compartió el evangelio con un eunuco, funcionario de Candace reina de Etiopía. La manera de evangelizar lo hizo aceptar a Jesús como su Salvador *(Hechos 8:4-39)*.

Según Reid (Reid, 1998) algunos cristianos tienen el concepto que:

- Evangelizar es llevar una vida buena y moral.
- Otros prefieren usar la técnica de reclutamiento como si la iglesia fuera un club social para personas de buena conducta, aunque no acepten a Cristo como su Salvador, lo hacen parte de la membresía de la iglesia.

- Hacer que la gente sea religiosa no es el evangelismo que la Biblia manda.

El evangelismo debe ser un mensaje de urgencia dado con amor a los perdidos, donde Jesús es la única esperanza. Él vino a buscar y salvar lo que estaba perdido y nosotros estamos en esa lista. Dios ama tanto a la humanidad que decidió venir Él mismo y tomó forma humana para morir por los pecados de la humanidad y así reconciliar a la humanidad consigo misma. La humanidad estaba perdida y sin esperanza, porque nuestros primeros padres desobedecieron a Dios en el Jardín del Edén. Esto hizo que sus pecados y su desobediencia nos alcanzaran, llevando nuestros pensamientos sólo a hacer el mal y a andar por nuestros caminos sin tener en cuenta a Dios ni medir las consecuencias de nuestros actos. Esto fue una declaración de guerra abierta del ser humano hacia su Creador donde no hay forma ni posibilidad de ganarla.

Satanás sabe que no tiene ninguna posibilidad de ganar una guerra contra Dios, y atacarlo directamente es inútil. También sabe que Dios ama a la humanidad y su único punto de "debilidad" son los seres humanos, por eso busca todas las formas de acusarnos, tentarnos y engañarnos. Para Dios todos somos importantes, hasta el más pecador del mundo tiene esperanza, por eso vemos que Jesús siempre buscó y se relacionó con los pecadores porque su misión era darles esperanza de salvación.

En el momento que nos enlistamos en el ejército de Jesús nos convertimos en una amenaza para el reino de las tinieblas. El ejército de Cristo es el más grande del mundo y esta es la guerra más grande y extensa que ha existido sobre la faz de la tierra. Todo se centra en la salvación de la humanidad y su destino eterno. En Hebreos 11 encontramos una lista de aquellos que fueron llamados héroes de la fe porque se mantuvieron firmes en todo momento sin importar las consecuencias de las decisiones tomadas. Este capítulo es más conocido como el "Salón de la fe cristiana".

Metafóricamente hablando, en el infierno hay un gran mural con los nombres y fotos de los que evangelizan y afectan al reino de las tinieblas. Esto hace que todo el infierno se levante con gran furia contra todos aquellos que están arrebatando almas de la condenación eterna. Cuando evangelizamos sonamos como trompetas dando la voz de alarma.

En el libro de los Hechos encontramos un ejemplo donde deja claro que los demonios conocen a las personas que afectan al reino de las tinieblas. *"Pero el espíritu maligno respondió y les dijo: "A Jesús lo conozco, y sé quién es Pablo, pero ¿quiénes sois vosotros?" (Hechos 19:15 RVR1960).*

Cada creyente tiene la responsabilidad de cumplir la gran comisión dada por nuestro Señor Jesucristo. No cumplirla sería un acto de desobediencia. Estamos llamados a evangelizar. Ya sea que usted haya sido cristiano por muchos años o no, nuestra responsabilidad es proclamar el evangelio de salvación y evitar que la gente vaya al infierno donde la Biblia dice que habrá llanto y crujir de dientes por toda la eternidad *(Lucas 13:28)*.

No dejemos de anunciar la buena nueva de salvación porque las personas que acepten a Cristo nos lo agradecerán algún día y no sólo eso, también recibiremos la corona que Dios tiene reservada para todos aquellos que obedecieron y cumplieron el mandato de la gran comisión.

Cuestionario:

1. ¿Cuál es el mandamiento de Jesús a sus discípulos?
_____
_____
_____

2. _____ es algo que no puede faltar o pasarse por alto en una iglesia.

3. Que significa la palabra griega 'apollymi'y de donde viene su origen?

4. ¿Qué debe hacer una iglesia después de una persona aceptar a Jesús como su Salvador?

5. ¿Cuál fue tu experiencia personal cuando compartiste el evangelio con otras personas por primera vez?

6. El evangelismo no se basa en un puesto de _____.

7. Según Reid, mencione los tres conceptos que tienen algunos cristianos:

A. _____

B. _____

C. _____

8. Tienes alguna estrategia en particular a la hora de evangelizar? Describa:

_____
_____
_____

9. Te han rechazado alguna vez mientras evangelizas y cuál ha sido tu reacción?

_____
_____
_____

10. ¿Qué tan frecuente evangelizas?

_____
_____
_____

18

Congregarse

Muchas cosas han cambiado en los últimos años. La tecnología ha avanzado a pasos agigantados aportando grandes avances a la iglesia. Ahora podemos predicar a grandes multitudes sin la presencia física de un público. No hay duda de que estos avances han beneficiado a la iglesia.

Aun cuando la manera de comunicar el mensaje pudiera cambiar, una cosa que no debe cambiar es el congregarse. Esta es la oportunidad donde podemos exhortarnos unos a otros, compartir, orar unos por otros para que nuestra fe crezca. La iglesia es un cuerpo vivo y como cuerpo debemos permanecer unidos para que haya un mejor funcionamiento donde cada parte del cuerpo pueda desempeñarse con libertad. Imagina una hoguera en la que todos los trozos de madera o carbón están unidos. Esto hace que el fuego y el calor que produce sean más intensos y difíciles de apagar. Ahora bien, si coges y separas los trozos de madera o carbón, el fuego y la intensidad del calor disminuyen y, al cabo de unos minutos, se apagará.

Muchos cristianos se han acomodado a los avances que ha traído la tecnología, dejando así de congregarse y compartir la Palabra de Dios. Esto no es algo nuevo, la Biblia nos dice que también era algo que ocurría en la iglesia primitiva. Aunque no haya sido por las mismas razones, también ocurría y había que amonestarlos. En la carta a los

Hebreos el escritor nos dice: *"no dejando de congregarnos, como algunos tienen por costumbre, sino exhortándonos unos a otros; y tanto más, cuanto veis que aquel día se acerca"* (Hebreos 10:25 RVR1960).

Como miembros del cuerpo de Cristo, debemos de congregarnos siempre que tengamos la oportunidad. La iglesia es una comunidad compuesta por personas que un día decidieron abandonar su estilo de vida pecaminoso y aceptar a Cristo como su Salvador, buscando la reconciliación con Dios para tener paz en sus corazones y hacer la voluntad de Aquel que los llamó a vivir una vida santa, como un solo cuerpo en el que Cristo es la cabeza.

Cada miembro del cuerpo de Cristo necesita saber por qué debemos congregarnos o reunirnos. Los primeros cristianos tenían esta comunión dejando de lado sus diferencias, su estatus sociales y culturales para servir a Cristo. *"Y perseveraban en la doctrina de los apóstoles, en la comunión, en el partimiento del pan y en las oraciones. Entonces caía temor sobre toda persona, pues se hacían muchos milagros y señales por medio de los apóstoles. Y todos los que creían se reunían y tenían todas las cosas en común. Vendían sus posesiones y bienes, y los repartían a todos, a cada uno según tenía necesidad. Ellos perseveraban unánimes en el templo día tras día, y partiendo el pan casa por casa, participaban de la comida con alegría y con sencillez de corazón, alabando a Dios y teniendo el favor de todo el pueblo. Y el Señor añadía diariamente a su número los que habían de ser salvos"* (Hechos 2:42-47 RVA2015).

Cuando todos nos congregamos en un lugar para adorar a Dios impactamos a nuestra comunidad; especialmente, a aquellas personas que no son cristianas. Esto hace que se acerquen a escuchar la Palabra de Dios y el Espíritu Santo comience a ministrar en la necesidad principal de la persona que es la convicción de pecado. Además, los inconversos verán que somos verdaderamente discípulos de Cristo. *"El amor que os tengáis unos a otros será la prueba ante el mundo de que sois mis discípulos"* (Juan 13:35 NTV). Los incrédulos observan cómo nos tratamos unos a otros. Si no mostramos el amor de Cristo, buscarán una excusa para no aceptarlo. Como sal y luz de este mundo, debemos dar el ejemplo que Cristo nos dio. Porque, incluso, sin que lo conozcamos, Él nos amó primero.

No hay nada más precioso que levantarse temprano (si tu servicio es por la mañana), y prepararse para asistir al servicio, y tener la oportunidad de saludar a ese hermano o hermana que no has visto durante varios días, y adorar juntos al Señor en completa libertad. Sientes como si no has visto esa persona desde hace mucho tiempo. ¿Sabes por qué? Porque somos miembros de un solo cuerpo y los miembros de un cuerpo no pueden estar separados. Debemos estar unidos para funcionar bien. El anhelo de Jesús es que todos estemos unidos en un mismo lugar. *"En la casa de mi Padre hay muchas mansiones. Si no, os lo habría dicho. Así que voy a preparar un lugar para ustedes. Y si me voy y os preparo un lugar, volveré y os llevaré conmigo, para que donde yo esté, estéis también vosotros"* (Juan 14:2-3 RVR2015).

Es triste pensar que muchos cristianos todavía no entienden la importancia de congregarse en una iglesia local o en servicios en casas organizados por la iglesia local. Congregarse nos ayuda en nuestro crecimiento espiritual y también en nuestro crecimiento social. Aquí conoceremos a personas apasionadas por Cristo que te mostrarán su devoción y adoración sin limitaciones ni vergüenza. Son almas con corazones agradecidos que están dispuestas a adorar a Dios en espíritu y verdad.

Cuando nos reunimos para adorar a Dios nos convertimos en uno con Cristo donde él es la cabeza, la iglesia que somos, nos convertimos en miembros del cuerpo. Esa unidad y amor debe reinar en cada uno de nosotros. Además, esto hará que el mundo conozca el amor de Cristo en la unidad de la iglesia. *"Padre, te pido que todos los que creen en mí sean uno, como tú estás en mí y yo en ti. Te pido que sean uno en nosotros para que el mundo crea que tú me has enviado"* (Juan 17:21 PDT).

En las reuniones de la iglesia local se pueden preparar mejores las estrategias y los programas para alcanzar a los no creyentes. Desde allí se organizan los servicios en los hogares, se visita a los enfermos, se va a las cárceles, se lleva el evangelio a otras comunidades, se prepara a los nuevos creyentes para que se bauticen, se ayuda a los necesitados y se ordena a los nuevos ministros para que prediquen el evangelio. Podríamos mencionar un sinfín de cosas que pueden funcionar en una iglesia. Todo dependerá de la visión de la iglesia local.

No podemos perder la costumbre de congregarnos. Esto es parte de nuestra devoción a Dios y la oportunidad de confraternizar con aquellos que no pueden asistir a todos los servicios. Debemos motivarnos siempre para continuar en los caminos de Dios. No te imaginas el impacto que pueden tener tus palabras para levantar las manos caídas de un hermano que puede estar pasando por momentos difíciles.

Cuestionario:

1. Alguna vez has dejado de congregarte y cuál ha sido tu experiencia?
_____
_____
_____

2. Como miembros del cuerpo de Cristo, _____
_____ que tengamos la oportunidad.

3. Citar Juan 13:35
_____
_____
_____

4. ¿Cuál es tu experiencia personal al llegar al templo y ver a tus hermanos en Cristo que tenías un tiempo sin ver?
_____
_____
_____

5. ¿Has pensado algún momento en el impacto que pudieran tener tus pala- bras en la vida de un hermano(a) de la congregación que tenías algún tiempo sin ver?

_____
_____
_____

IV

CUARTA ETAPA / CUIDADO ESPIRITUAL

Dios bendiga a todos los pastores, ministros y hermanos que en algún momento han fungido como padre, madre, consejero(a) o mentor espiritual a los nuevos creyentes. Tu trabajo no ha sido en vano y Dios recompensará todo lo que has hecho por uno de esos pequeñitos; que en sus inicios como hijos de Dios tuvieron miedo y dieron pasos inseguros. Hoy los honramos, recordamos y damos gracias a Dios por todo el esfuerzo y el tiempo que nos dedicaron.

19

Padres Espirituales

La palabra "Padre", según el diccionario de la lengua española, se atribuye a "varón que ha engendrado uno o más hijos". Ser padre no es sólo tener hijos para ser llamado como tal. Es un título de honor que conlleva responsabilidad y compromiso; esto es proveer, cuidar, proteger lo que es parte de ti: tus hijos. Un padre es la fuente de provisión para su familia a la que debe alimentar bien para que quienes la integran crezcan saludables.

El padre tiene el deber de proteger a su familia, y evitar así que alguien venga a dañar a los suyos física o emocionalmente. Le corresponde, además, infundirles ánimo y vida a sus hijos al tiempo que se asegura que no les falten los elementos básicos para su crecimiento y desarrollo.

En vista de que los pequeños aprenden de sus mayores, es necesario que los padres tengan cuidado con lo que hacen delante de sus hijos. Jesús lo dijo de esta manera: *"...el Hijo no puede hacer nada por sí mismo, sino lo que ve hacer al Padre; porque todo lo que el Padre hace, eso también lo hace el Hijo de la misma manera" (Juan 5:19 RVR)*. Muchas de las acciones o comportamientos de los niños son aprendidas de sus padres.

Todo padre que desee el bienestar de sus hijos trabajará para que sus hijos sean buenas personas. Lo mismo se aplica a los padres espirituales.

Nuestros hijos espirituales son una representación de lo que somos. Debemos asegurar su buena alimentación espiritual para que no sean cristianos débiles y desnutridos.

Cuando leemos la Biblia encontramos que la frase "Padres espirituales" no aparece ni en el Antiguo ni en el Nuevo Testamento. Sin embargo, esto no significa que no haya referencias bíblicas al respecto. Pues en el Nuevo Testamento encontramos a Pablo refiriéndose a Timoteo como un: *"verdadero hijo en la fe" (1 Timoteo 1:2)*; Juan hace mención de los creyentes con palabras como: *"Hijitos míos, estas cosas os escribo para que no pequéis..." (1 Juan 2:1)*; Pedro refiriéndose a Marcos le dice: *"... hijo mío" (1 Pedro 5:13)*.

Utilizamos la frase "Padre espiritual" para referirnos al pastor de la iglesia como la autoridad asignada para nutrir espiritualmente a la congregación. Sin embargo, no podemos limitarnos sólo a esta definición. También podemos definir como "padres espirituales" a miembros maduros que ayudan a los nuevos creyentes en su crecimiento espiritual. Los padres espirituales se convierten en mentores, quienes ofrecen su sabiduría y conocimiento para el crecimiento y desarrollo del cuerpo de Cristo (la iglesia).

El pastor es el padre espiritual de la iglesia local. Levantarse contra el pastor es rebelarse contra la autoridad de Dios en la iglesia. La Biblia nos dice que *"ellos son los que velan por nuestras almas, como los que tienen que dar cuenta..." (Hebreos 13:17 NVI)*. Quien se rebela contra la autoridad puesta por Dios siempre acabará mal; *"Porque la rebelión es como el pecado de adivinación, y la desobediencia como la iniquidad y la idolatría..." (1 Samuel 15:23 NVI)*. La rebelión y la adivinación se oponen a la voluntad de Dios; mientras que la desobediencia es similar a la idolatría porque eleva la voluntad propia del ser humano a un dios.

Usted puede asistir a una iglesia donde la congregación es pequeña, y eso le permite acercarse al pastor o puede tener la bendición de asistir a una iglesia donde la congregación tiene cientos o miles de miembros y usted puede no tener la oportunidad de acercarse al pastor debido a su apretada agenda y sus muchas responsabilidades. Sin embargo, el pastor es el primer padre espiritual en su vida. Él es quien alimenta a la congregación en la mayoría de los días de servicios o asigna a miembros capacitados para esa tarea.

El pastor puede asignar líderes o miembros con un buen fundamento en la Palabra de Dios y la doctrina de la iglesia para ayudar en el crecimiento saludable de la congregación. Como padre espiritual asignado, es responsabilidad del líder o miembro ayudar a desarrollar la visión de la iglesia y mantener una doctrina sólida basada en fundamentos bíblicos.

Aunque no se requiere tener un título universitario para ser ministro ordenado, para ocupar un cargo ministerial, o para aplicar conocimientos especializados en un área particular del ministerio, sí es necesario tener mucho amor e interés en ayudar a la congregación; en este caso, los nuevos creyentes son los que más necesitan crecer en su vida espiritual. Sería contradictorio que un cristiano maduro diga que ama a su prójimo sin que piense en ayudarlo a crecer espiritualmente.

Todo cristiano maduro puede servir como padre espiritual para ayudar a otros a crecer en su vida espiritual. No podemos dejar todo en manos del pastor o de los líderes. Debemos trabajar como un cuerpo organizado. El pastor está a cargo de alimentar a todo el rebaño; sin embargo, necesitará ayuda para alimentar a algunas ovejas en particular. Un cristiano maduro con conocimiento y fundamento de la Palabra de Dios puede acercarse a los nuevos creyentes y ver cómo puede ayudarlos a crecer en su vida cristiana. Todos tenemos o hemos tenido padres espirituales, sin importar nuestra posición ministerial. Timoteo y Tito tuvieron a Pablo, Pablo tuvo a Bernabé y a los apóstoles al principio de su ministerio; Bernabé tuvo a los apóstoles y los apóstoles tuvieron a Jesucristo. Así como hemos aprendido de nuestros pastores, también debemos enseñar y preparar a otros para que la Palabra de Dios siga extendiéndose por el mundo. En una ocasión, Pablo se dirigió a los corintios de la siguiente manera: *"No es mi intención avergonzaros al escribiros todo esto. Sólo quiero corregiros como mis hijos amados. Porque podéis tener miles de maestros en la fe en Cristo Jesús, pero ningún padre;*

soy yo quien os ha engendrado a la fe mediante el mensaje evangélico. Os ruego, pues, que sigáis mi ejemplo, para lo cual he enviado a Timoteo, mi hijo amado y cristiano de confianza. Él os recordará la forma de vida que tengo como creyente en Cristo Jesús y que enseño en todas las iglesias" (1 Corintios 4: 14-17).

Los beneficios de tener un padre espiritual son muchos. Imagine a los miembros de una iglesia, esto incluye líderes, pastores, evangelistas, misioneros, maestros, apóstoles, profetas, ministros de alabanza y adoración, sin un padre espiritual. ¿Qué tan efectivos serían los ministerios o servicios de cada uno de ellos en la iglesia? La Biblia nos habla de orden y sujeción, donde cada uno tiene su desempeño y responsabilidad.

Hoy vemos el desorden que existe en nuestra sociedad donde los padres abandonan a sus esposas e hijos; hijos e hijas que no quieren someterse a la disciplina y corrección de sus padres, pero que quieren los beneficios sin hacer el sacrificio. Todo esto muestra el estado espiritual de la sociedad. De la misma manera sucede con muchos cristianos que quieren andar desordenadamente sin someterse a un padre espiritual. Somos un solo cuerpo y como miembros del cuerpo nos necesitamos mutuamente.

Un buen padre espiritual se asegura de que sus hijos en la fe vayan por el camino correcto, se comporten bien y mantengan la sana doctrina del evangelio. Pablo escribe a Timoteo lo siguiente *"para que, si me demoro, sepas cómo hay que comportarse en la casa de Dios. Esta es la iglesia del Dios vivo, columna y fundamento de la verdad"* (1 Timoteo 3:15 NTV). No hay mejor satisfacción para un padre saber que sus hijos lo representan donde quiera que vayan dando un buen testimonio siempre. Como cristianos, no sólo representamos a nuestra iglesia local, sino también a Jesucristo. Somos miembros de un gran cuerpo que es la iglesia y nuestro testimonio dirá mucho de quiénes somos y de dónde venimos.

Todo cristiano que lleve el título de padre espiritual debe conocer el potencial de sus hijos espirituales antes de sembrar. Pasarán tiempo con sus hijos mirando hacia el futuro. Todo buen padre espiritual que ve el potencial en sus hijos hará todo lo posible para desarrollarlo y explotarlo para el bienestar de la iglesia. Cuanto más se preparen y desarrollen los nuevos creyentes en la iglesia, más eficaces serán la visión y la misión.

Para nosotros ser buenos padres debemos aprender a ser buenos hijos. El mayor ejemplo de la Biblia se encuentra en Jesús, quien no hizo nada sin consultar primero con su Padre Celestial. Por eso la Biblia nos dice: *"Muy de mañana, cuando aún estaba oscuro, Jesús se levantó y salió a un lugar solitario, y allí oró" (Marcos 1:35 RVR)*. Todo buen hijo desea hacer lo que es bueno para complacer a su padre. Ahora bien, esto no significa que nuestro padre espiritual deba ser una figura perfecta, porque no hay nadie perfecto en este mundo. El apóstol Pablo dijo: *"Sed imitadores de mí, como yo también lo soy de Cristo" (1 Corintios 11:1)*; también dijo: *"Hermanos, sed imitadores de mí, y fijaos en los que andan según el ejemplo que se os ha dado en nosotros" (Filipenses 3:17)*. No hay nada mejor que imitar la buena conducta de nuestro padre espiritual y de los cristianos que modelan a Jesucristo.

En el curso de nuestro crecimiento espiritual vendrán personas que serán de gran bendición para nuestras vidas. Ellos nos motivarán a orar, estudiar la Biblia y meditar en la Palabra de Dios, asistir a los servicios, ayunar, evangelizar, leer libros que nos ayudarán en nuestro crecimiento. Estos hermanos se convierten en una conexión espiritual hecha por el Espíritu Santo.

Recuerdo y valoro mucho aquellos hermanos que cuando acepté a Cristo como mi Salvador fueron de gran bendición en mi vida y crecimiento espiritual. Todos ellos gozaron de un buen testimonio ante los pastores, líderes, toda la congregación y sus comunidades. Algunos se convirtieron en mentores espirituales. En ocasiones visitaba sus casas y pasaba horas escuchándolos hablar del amor de Dios y de los milagros que el Señor había hecho en sus vidas. Estos hermanos, que también considero padres espirituales, marcaron mi vida para siempre. Hoy muchos de ellos ya no están y doy gracias a Dios por haberlos puesto en mi camino.

Que Dios bendiga a todos aquellos que de una manera u otra han fungido como "padre o consejero espiritual" en nuestra vida cristiana, haciendo que nos acerquemos más a Dios y seamos más efectivos como miembros en el cuerpo de Cristo, que es la iglesia.

Cuestionario:

1. ¿Qué es un padre para su familia?
_____
_____
_____

2. Nuestros hijos espirituales _____
_____
_____

3. ¿A quién nos referimos cuando usamos la palabra Padre Espiritual?
_____
_____
_____

4. El pastor es el padre espiritual de _____

5. A parte del pastor como Padre Espiritual ¿has tenido algún hermano(a) en la congregación que ha influenciado en tu crecimiento espiritual?
_____

5a. . Explique cómo ha ayudado en tu crecimiento:
_____
_____
_____

6. ¿De qué se asegura un buen Padre Espiritual?

7. Para ser buenos padres, _____
_____

8. Recuerdas alguna experiencia de alguien que haya marcado tu vida y ya partió con el Señor? _____

8a. Describa como marco tu vida espiritual:

9. ¿Estas tu marcando la vida de los nuevos creyentes en su crecimiento espiritual? _____
9a. ¿Como? _____

Bibliografía

Blue Letter Bible. (s.f.). *Lexicon:: Strong's G4102 - pistis*. Recuperado el 04 de 2022, de https://www.blueletterbible.org/lexicon/g4102/kjv/tr/0-1/

Burkett, L. (1996). La iglesia y el dinero. En L. Burkett, *Usando su dinero sabiamente* (págs. 109, 110, 111, 112). Miami, Florida: Editorial Unilit.

Educalingo. (June de 2021). Recuperado el 15 de June de 2021, de https://educalingo.com/es/dic-es/alfoli

Farlex / Larousse Editorial S.L. (2009). *The Free Dictionary*. Recuperado el 15 de June de 2021, de https://es.thefreedictionary.com/alfol%C3%AD

Fontanez, E. (2017). *Padres del Reino*. (S. Enid, Ed.) The Stairways to Heaven Enterprise Inc.

Gaebelein. (1985). The Robbery and Riches of God. En Gaebelein, *The expository Bible Commentary* (págs. 720, 721). Grand Rapids, Michigan: Zondervan.

Gaebelein. (1990). *The Expositor's Bible Commentary with the NIV* (Vol. 2). Grand Rapids, Michigan, USA: Zondervan. Recuperado el 23 de 04 de 2022

Gardey, J. P. (2014). *Regeneración*. Obtenido de Definicion.de: https://definicion.de/regeneracion/

Granero. (1998). En W. M. Mayo, *Nuevo Diccionario Ilustrado de la Biblia* (pág. 457). USA: Editorial Caribe.

Gutierrez, D. E. (2010). Giving headaches to hell. En D. E. Gutierrez, *Ministry is* (págs. 34, 35). Nashville, Tennessee: B&H Publishing Group.

International Bible Society. (1979). *La Biblia al Dia.* Colorado Springs, CO: Editorial Vida.

Larousse, S.A. (2001). Depositar. En *El Pequeño LAROUSSE Ilustrado* (pág. 322). Santafe de Bogota, Colombia: Larousse, S.A.

Mayo, W. M. (1998). Diezmo. En W. M. Mayo, *Nuevo Diccionario Ilustrado de la Biblia* (pág. 283). USA: Editorial Caribe.

Mayo, W. M. (1998). Macedonia. En W. M. mayo, *Nuevo Diccionario Ilustrado de la Biblia* (pág. 694). USA: Caribe.

Merrill F. Unger, W. W. (1996). *Vine's Complete Expository Dictionary.* Nashville, Tennessee: Thomas Nelson.

Ministries, G. Q. (2002). *Bible Ref.* Recuperado el 14 de June de 2021, de https://www.bibleref.com/Malachi/3/Malachi-3-9.html

Munroe, D. M. (2005). Entendiendo el propósito y el poder de la oración. En D. Munroe, *Entendiendo el propósito y el poder de la oración* (págs. 133-140). New Kensington, PA: Whitaker House.

Munroe, D. M. (2005). *Entendiendo el Propósito y el Poder de la Oración.* New Kensington, PA: Whitaker House.

Munroe, D. M. (2005). *Entendiendo el Propósito y el Poder de la Oración.* New Kensington, PA: Whitaker House.

Myers, D. G. (1999). *Social Psychology.* (6. Edition, Ed.) Holland, Michigan, USA: McGraw-Hill College.

National Human Genome Research Institute. (15 de August de 2020). *Chromosomes Fact Sheet.* (National Human Genome Research Institute)

Recuperado el 2 de 12 de 2021, de Genome.gov: https://www.genome.gov/about-genomics/fact-sheets/Chromosomes- Fact-Sheet

Oscar, D. (2018). *Iglesia 7 Estrellas.* Santo Domingo, RD: Promociones y Publicidad la Fe.

Rachel Gurevich, R. (13 de January de 2020). *Verywellfamily*. Recuperado el 16 de February de 2020, de https://www.verywellfamily.com/difference- between- baby-newborn-infant-toddler-293848#

Real Academia Española. (2014). *Real Academia Española*. Recuperado el 18 de June de 2021, de https://dle.rae.es/actitud?m=form

Real Academia Española. (2014). *Real Academia Española*. Recuperado el 22 de June de 2021, de https://dle.rae.es/observar

Real Academia Española. (2014). *Real Academia Española*. Recuperado el 22 de June de 2021, de https://dle.rae.es/observar

Reid, A. (1998). *Introduction to Evangelism*. Nashville: Broadman & Holman Publisher.

Reid, A. (1998). Make the Message Plain: What is Evangelism? En A. Reid, *Introduction to Evangelism* (págs. 4, 8, 9). Nashville, Tennessee: Broadman & Holman Publisher.

Rivera, R. A. (2008). *Instruccion a las disciplinas Espirituales*. Nashville, TN. Abingdon Press.

Ruiza, M. F. (2004). *Biografías y Vidas*. Recuperado el 21 de June de 2021, de https://www.biografiasyvidas.com/biografia/f/filipo.htm

Sheeler, D. E. (2010). Evangelism Is. En D. E. Sheeler, *Evangelism Is* (págs. 36, 37). Nashville, Tennessee: B & H Academic Publishing Group.

Towns, E. L. (2008). Sanctification. E. L. Towns, *Theology for Today* (págs. 471-475). Ohio: Cengage Learning.

Wadsworth Cengage Learning. (1789). Alexander the Great. En C. J. Perry, *Western Civilization: Ideas, Politics, and Society* (pág. 104). Boston, MA: Wadsworth.

Wheeler, D. E. (2010). *Evangelism is*. Nashville, Tennessee, USA: B & H Academic Publishing Group.

Alfredo E Phipps, Jr.

Alfredo E. Phipps, Jr. nació en Samaná, República Dominicana. Desde muy joven le gustaba escribir historias creadas de su imaginación. En 1994, emigró a los Estados Unidos con otros miembros de su familia. Desde el 2007 al 2021, trabajó en el Fondo Monetario Internacional como Administrador de Información Tecnológica. En 2015, se graduó de Liberty University en educación cristiana. En 2022 decide crear CEPHIPPS "Casa Editorial Phipps" para publicar material educativo cristiano. Además de autor y escritor, es profesor de educación cristiana en la iglesia Centro Familiar Cristiano en Beltsville, Maryland. Su devoción como educador cristiano es proveer herramientas y materiales de apoyo para el fortalecimiento y expansión de la iglesia donde cada miembro identifique su lugar en el cuerpo de Cristo; en este caso su iglesia local.

Me puedes encontrar como:

https://www.alfredophipps.com
https://www.facebook.com/alfredoephipps
https://www.instagram.com/alfredoephipps
https://www.twitter.com/alfredoephipps
https://www.pinterest.com/alfredoephipps

También por Alfredo Phipps

"Desafiando lo desconocido" de Alfredo E. Phipps, Jr. aborda lo que se siente cuando nuestro mundo se desmorona a nuestro alrededor y cómo podemos avanzar con confianza y propósito.

Desafiando lo desconocido narra la historia de varios personajes cuyas vidas se cruzan cuando son invitados a asistir a un evento dirigido por un profesor. Este evento cambiará la dirección de las vidas de es- tos personajes para siempre.

AEP

www.ingramcontent.com/pod-product-compliance
Lightning Source LLC
Chambersburg PA
CBHW050027130526
44590CB00042B/2031